U0640032

"学、练、赛、评"体育教学模式
应用探究

盖安俊　王培培　孙中芹　著

全国百佳图书出版单位
吉林出版集团股份有限公司

图书在版编目（CIP）数据

"学、练、赛、评"体育教学模式应用探究 /盖安俊，王培培，孙中芹著. -- 长春：吉林出版集团股份有限公司，2024. 7. — ISBN 978-7-5731-5390-6

Ⅰ. G807.01

中国国家版本馆 CIP 数据核字第 2024UX9379 号

"学、练、赛、评"体育教学模式应用探究

XUE LIAN SAI PING TIYU JIAOXUE MOSHI YINGYONG TANJIU

著　　者：盖安俊　王培培　孙中芹
责任编辑：沈丽娟
技术编辑：王会莲
封面设计：豫燕川
开　　本：787mm×1092mm　1/16
字　　数：190 千字
印　　张：10.25
版　　次：2024 年 7 月第 1 版
印　　次：2024 年 7 月第 1 次印刷

出　　版：吉林出版集团股份有限公司

发　　行：吉林出版集团外语教育有限公司

地　　址：长春市福祉大路 5788 号龙腾国际大厦 B 座 7 层

电　　话：总编办：0431—81629929

印　　刷：吉林省创美堂印刷有限公司

ISBN 978-7-5731-5390-6　　　　　定价：62.00 元

前　言

　　学校教育是实施素质教育、人才强国战略的必然要求。高校体育教育是我国教育事业的重要组成部分，是提高大学生身体素质的重要途径，在推动现代教育发展与创新人才培养方面发挥着不可替代的作用。随着我国社会的进一步发展，为了响应国家人才强国的总目标，高校教育必须进一步改革创新，这样才能实现我国人才强国和全面素质教育的目标。

　　本书是一本专门体育教学著作，首先介绍体育发展基本理论，然后分教学、训练、竞赛、评价四个篇章分别论述体育教学模式概述、常见的体育教学模式研究、体育教学训练方法的创新与实践、体育竞赛概论、学校体育竞赛组织管理体系、体育教学评价的基本概述、体育教学评价的改革研究。全文内容涉及"学、训、赛、评"多个维度，为当前新形势下高校体育教学的发展以及优秀体育教育人才的培养提供了理论指导，对当前从事高校体育教育教学的一线工作者提高高校体育教学质量、完善高校体育教学过程、优化高校体育教学效果具有重要的启发意义。

　　在本书的写作过程中，参考了许多专家和学者关于学校体育教学方面的书籍和资料，在此表示敬意和感谢。由于水平所限，本书难免存在不妥之处，恳请广大读者批评指正。

目 录

第一章　体育发展基本理论

第一节　体育的起源及发展

体育分为广义体育和狭义体育。广义体育也称为体育运动，是指以身体练习为主要形式，以增强体质、促进人的发展、丰富社会文化生活和促进精神文明建设为目的的一种有意识、有组织的社会运动，它是社会大文化的一部分。

狭义的体育即身体教育，是一个发展身体，增强体质，传授锻炼身体的知识、技能、技术，培养道德和意志品质的教育过程，它是教育的组成部分，是培养全面发展的人的一个重要方面。

体育的分类比较复杂，按照活动场所可以分为家庭体育、学校体育、社会体育；按照参与者年龄可以分为婴幼儿体育、青少年体育、中老年体育；按照自身属性可以分为竞技体育、群众体育；按照发展年代可以分为古代体育、近代体育、现代体育。

一、体育的起源追溯

在历史的长河中，体育是伴随着人类社会产生和发展的。原始社会，人类劳动的直接目的是生存。原始人为了生存和保卫自身安全，常与野兽和自然灾害作斗争，还要跋山涉水寻找食物等。人类通过各种身体活动和使用生产工具培养了多种技能，从而发展了走、跑、跳、投、游泳、格斗等基本活动能力，提高了包含速度、力量、耐力、灵敏在内的多方面身体素质，并逐步形成了以生存为直接目的的体育文化。原始人在生产劳动和生存竞争中的身体活动是原始体育的最初形态。

二、不同历史时期的体育发展与规律

体育是伴随着人类社会的历史进程发展起来的，从原始体育到现代体育，经历了古代体育、近代体育、现代体育三个时期。

（一）古代体育的历史呈现

自从人类进入奴隶社会，人类社会生活中逐渐出现了教育、文化、艺术、军事等复杂的社会现象，人的身体活动与这些现象相结合，体育就随之发展起来。

在古希腊，斯巴达人为了保护家园不得不战斗，把男士培养成强壮的武士，以战争为直接目的的体育锻炼便开始盛行。到雅典时期，体育开始由贵族统治，他们不仅把年轻人培养成军人，还培养成多才多艺、能言善辩、善于经营的政治家和商人，人们在各方面得到了发展。角力、赛跑、拳击、格斗、射箭等活动逐渐出现，并在全希腊规模的体育竞技赛会上进行比赛和表演，这也是古代奥运会的雏形。

公元前148年，罗马人击败了希腊人，体育重新成为战争的工具，但古罗马的体育充斥着血腥和暴力，贵族们把角斗士与动物的厮杀作为娱乐项目观看。中世纪的大部分时期，罗马接受了农民的球赛，成为球类运动的发源时期。在早期古罗马角斗士的基础上，中世纪骑士比武更为盛行，中世纪后期出现了骑士学校，许多军事体育的内容经过改造成为18世纪学校体育课活动内容。

我国古代体育发源很早，公元前2500年，就先后创造了蹴鞠、摔跤、射箭、武术、投壶等体育项目。周朝时出现的"六艺"教育，即礼、乐、射、御、书、数，其中就包含着身体训练。秦代到宋代，又先后出现了十八罗汉手、百戏、五禽戏等。

（二）近代体育的演变

文艺复兴表面上看是古希腊、罗马文化的复兴，实质上是新兴资产阶级反封建、反宗教统治的新文化运动，文艺复兴提倡资产阶级人性，提倡个性自由，人文主义思潮推动了教育的发展，身体运动首先进入学校，成为培养人的重要内容。人文主义者将竞争精神列为受教育者应具有的首要品格，理想的、完整的教育应该包括体育在内，而不是进行心灵训练，从而使肌肉强健发达的身体重新成为人们欣赏的对象。

启蒙运动是一场声势浩大的思想运动，人们最有力的口号是自由、平等、博爱，这成为体育人文价值观的基准。启蒙运动提倡普及文化教育运动，启蒙思想家大力宣扬知识的作用，为确立德、智、体全面发展的教育思想提供了思想依据。

（三）现代体育的发展

18—19世纪，现代西方体育随着现代教育思想和现代教育的发展而形成。到19世纪末，学校体育经过科学化、课程化的改造，确立了自己独特的文化形态，进而重新进入社会文化生活中。21世纪，无论是发展中国家还是发达国家，都在寻求保存各自生活方式和发展民族的文化对策。作为民族文化重要组成部分的体育文化，是人类社会发展到一定阶段的产物，在为社会经济、政治、文化建设服务的同时，也获得了自身的发展。现代体育的社会功能已经大大超过增强人民体质的范围。

第二节　体育对人类发展的作用

人类的进步史也是一部人类对体育认识的发展史。在原始社会，人类对体育的应用多是生存、生活、生产的一种方式，古代体育的作用也多体现在战争上，随着历史的发展，人类生活方式的改变，体育对人类的作用也逐渐发生改变。

一、体育的功能作用表现

体育对人类发展的作用最先体现在功能方面，体育功能作用分为两种类型，分别是健身功能和教育功能。①

（一）体育的本质功能——"强身健体"

"强身健体"是体育的本质功能。体育运动可以促进青少年骨骼、肌肉和大脑的生长发育，提高观察力、记忆力、想象力和思维能力。体育锻炼还能提高人体心血管系统、呼吸系统的机能水平，调适和保持心理健康。所以对青少年来讲，体育可以强身健体、愉悦身心；对成年人来讲，体育可以减少现代社会带来的威胁人们健康的"精神压力"和"文明病"。

（二）教育功能

学校体育是学校教育的重要组成部分。学校体育向学生传授了体育文化、科学锻炼知识，提高了学生对体育的欣赏能力和文化素养。同时，学校体育还使学生掌握了基本的运动技能，如田径、体操、球类等，发展了学生的身体素质，使学生感受了克服困难、积极进取、团结协作、公平竞争等情感，锻炼了学生的意志品质，为将来担任社会角色和适应社会生活、工作打下了良好基础。

体育具有竞技性、群聚性、国际性、礼仪性等特点，在激发爱国情感、振奋民族精神、培养社会公德方面有着积极的教育作用。在体育比赛中，参赛选手与同伴、对手和观众之间的情感交流，可以激起强烈的荣誉感、责任心、集体观念和奋发向上的进取精神；在体育运动中，每一个参与者都要遵守运动规则，这种习惯和意识的养成延伸到社会生活中，就是遵守社会规范、遵纪守法、懂得合理竞争等。

在现代生活中，随着科学化、机械自动化生产方式的运用，人们的劳动时间和强度逐渐降低，空闲时间逐渐增多，余暇体育、户外运动、娱乐体育、健身活动得到发展，成为现代人业余生活和娱乐的重要组成部分，也成为人与人相互交流的重要途径。个人可以通过健身活动忘却

---

① 刘海迪，毛语诗. 浅析体育运动对人类健康的促进作用 [J]. 网络财富，2008（12）：270－271.

工作烦恼和生活压力，把不愉快和消极情绪一扫而光；朋友之间可以通过体育活动联络感情，畅想美好生活；合作伙伴可以通过户外体育完成谈判工作。所以，体育可以丰富个人和社会文化生活，提高人们的生活质量。

二、体育的现实作用分析

万事有利就有弊，体育可以促进人的身体健康，起到教育、娱乐身心、促进经济发展等作用，但是不科学的体育运动会损害身心，竞技体育中部分不良现象会影响人们的价值观，体育商业运作也有可能改变体育的本质等。

(一) 健身与伤身

科学的体育锻炼可以强身健体，促进身心发展，不恰当的体育活动同样会伤害身体。最常见的伤害为运动损伤。运动损伤与运动项目、训练安排、运动环境、运动者的自身条件以及技术都有密切的关系。所以说体育可以起到健身作用，同样存在伤身的危害。

(二) 竞技体育的利弊

竞技体育给观众带来了激情，起到了激发爱国情感、振奋民族精神的作用。但在利益的驱使下，竞技体育比赛中也会出现违背体育道德和体育精神的行为，这种行为违背了公平竞赛的原则，无视观众的权益和感受，还会对社会造成非常恶劣的影响。

(三) 体育商业的利弊

体育赛事的商业运作可以大力推动旅游业、建筑业的发展，增加国际贸易契机，促进举办城市交通、通信、服务等行业的发展，带来可观的政治和社会效益。商业化的宣传也能提高体育项目和运动员的知名度，改善运动员的处境，扩大群众参与性。但不成熟的体育商业运作也会带来一定的弊端，使一些体育活动成为商业活动的附庸，使体育赛事服从于商业安排。

第二章　体育教学模式概述

第一节　体育教学模式的概念

教学模式概念包括：教学活动结构、基本范型、范式或计划、教学程序与实施方法、教学活动构架和活动程序、方法论体系等。体育教学模式包括：教学群体和教材、相对独特的教学过程和相应的教学方法体系，体育教学理论或教学活动模型，教学过程结构和相应的教学方法体系，教学范型或模型，教学活动与框架等。

体育教学活动与一般的教学活动既有共同特点，又有不同的特点，其不同特点部分就体现了体育学科教学的特殊性。在教育学概念中，主要存在着三种不同的看法：一是认为教学模式是一种基本范型或范式；二是教学活动结构；三是活动程序或方法论体系。由于模式有很多的种类，在教学之中，就成了"教学模式"，教学模式就应有教学的含义，因此教学模式属概念的可演变为教学活动范型或程序或结构，其大体的含义是一致的，所不同的就是"教学方法体系"这一属概念。教学模式既不属于教学方法，也与教学方法有着明显的区别，教学方法只是组成教学模式的一个要素，因此不能把教学方法体系作为教学模式的属概念。至于用"教学活动的结构"，还是用"教学程序"，其含义基本相同，为了简便起见，用"教学程序"来表达比较合适。

体育教学模式的内涵，即体育教学模式的本质特征，也是体育教学区别于其他学科最根本的要素。体育教学活动与其他教学活动的根本区别在于"运动技术的学练过程"，体育教学活动的"知识与技能"目标是围绕学生自身的本体运动体验而展开的，而一个个项目中的各种运动技术具有一定的连贯性，并以教学单元的形式表现出来。例如，挺身式跳远由助跑、起跳、腾空、落地几个环节组成，这几个环节构成了跳远教学单元，在这个单元中有一个环节没有练好，就会影响整个跳远动作；又如篮球项目中有许多的技术，有投篮技术、运球技术、上篮技术、传球技术等，而一个单项的技术构成了一个小的单元，一个个小的单元又构成了整个篮球项目大的单元。整个体育教学就是从一个个项目、一个个小的单元开始的，它的教学宗旨直接指向了完成各项单元教学目标。因此，本书认为体育教学模式的本质特征应体现在单元教学目标的设计上，有了一定的教学单元，便可确定该单元教学的教学思想和教学目标，然后就可以对该单元进行教学设计，包括体育教学方法的配备，体育教学操作程序的制作，体育教学模式评价指标的确立等。而一旦单元体育教学宣告结束，该体育教学模式也不复存在，当新的教学单元出现时，一个新的教学模式又将诞生，如此反复，体育教学活动便得以很好地延续了。

综合以上分析，体育教学模式的定义应表述为：体育教学模式是指具有特定的体育教学思想，用以完成体育教学单元目标而设计的相对稳定的教学程序。

第二节 体育教学模式的特征与功能

一、体育教学模式的特征

（一）简洁、概括、直观性

教学模式不是对教学活动的"复写"，而是在能充分显示自己个性的前提下，省去了开展某一教学活动的不重要因素，如教学目标、教学方法、组织形式等，从理论高度简明、系统地反映模式自身。因此，它是对某一理论的浓缩，对实践的提炼，具有概括性。某种体育教学模式反映了特定的体育教学思想，且对教学模式的各环节进行了简化，以教学程序的方式展现出来，具有简单、明了、概括的特点。

教学模式的概括性主要体现在教学模式的表现形式、表现内容和表现种类上。表现形式的概括性，即用不多的笔墨，少许的线条、符号或图表就可以基本反映整个教学模式。表现内容的概括性，即对单元体育教学活动的理论或实践加以浓缩、提炼，虽然教学活动的实践或理论为教学模式的形成提供了源泉，但它毕竟不等于教学模式，教学模式是从教学活动中概括出来的活动框架，它略去了教学活动中的次要因素，一针见血地反映了模式的操作框架及理论核心。表现种类的概括性，即把具有共同特征的模式归结为一类，如此可以更为明确地表达某一体育教学模式的教学目标，也可以在体育教学实践中使体育教师更明了地理解与选择体育教学模式，而不至于对多种体育教学模式相互混淆。

（二）可模仿、可操作、较稳定性

可操作性，一方面指体育教学模式易被教师模仿。因为教学模式既是教学理论的操作化，又是教学实践的概括化。每一教学模式都提供了教学在时间上展开的逻辑步骤以及每一步骤的主要做法，即操作程序。教师在教学中先做什么，后做什么，再做什么，一目了然，易于操作。另一方面，由于体育教学活动的复杂性和特殊性，教师、学生以及环境等因素既不能也没必要像自然科学实验那样受到精确控制，所以模式的操作程序只能是基本的和较稳定的。

虽然体育教学模式具有较强的针对性，它会随着体育教学各种外在条件和环境的不同，产生不同的体育教学模式，也会因不同的教学指导思想和理论而体现差异性。然而体育教学模式一旦确定，就代表了一定的教学思想和理念，也表示了某一特定的条件下的具体操作的稳定性和可模仿性，具体相同的理念和外在条件，便可以容易地被体育教师所模仿，这种特性就是体育教学模式的稳定性。当然随着时代变迁，指导思想与外在条件等发生质的变化，体育教学模式也会相应地加以调整、变更，因此体育教学模式的稳定性是相对的。

（三）具体针对性

任何一种教学模式都是针对教学实践的问题或问题的某个方面而建立的，不同的体育教学内容、体育教学对象，以及不同的外在体育教学环境都会形成不同的体育教学模式，因此，体育教学模式有自己特定的教学目标和使用范围，而不能包罗万象。例如，情景教学模式是针对小学生理解能力较差、体育基础不够，而以体育故事形式把各种简单的体育活动动作组合起来进行教学的，但这种教学形式不适合中学高年级的学生；快乐体育教学模式是针对传统体育教学中的强制性教学使学生在体育教学中体验不到快乐而设计的，它适合于学练一些简单的体育活动动作，但不适合体育复杂动作的教学。从这一意义上讲，世界上不存在普遍有效的可能模式，也不存在最优的模式。然而教学模式与目标又决非一对一的关系，而往往是一对多或多对一的关系。

一般而言，一种模式具有多种目标，而多种目标又有主、次之分，其中主要的目标便是此模式与彼模式相区别的特征之一，也是人们有针对性地选用模式的重要依据之一。例如：启发式教学模式与快乐体育教学模式中都有发展学生技能、运动参与、情感方面的目标，但它们的主要目标是有明显区别的。启发式教学模式的主要目标是开启学生的学习智力，发展学生的运动思维，以利于运动技能的学习与掌握；而快乐体育教学模式的主要目标是使学生在学练一些较为简单的体育活动动作中体验运动的乐趣，并有创造性地组合一些简单的动作，体验运动成功的感觉，增加自信心。

（四）整体性

体育教学模式从整体上处理教学活动，它既要对教学活动中的教师、学生、课程等主要因素的地位作出规定，又要对影响体育教学活动并在教学活动中起重要作用的其他因素，如教学物质条件、教学组织形式、教学时间或空间、教学群体、学生合作、师生互动关系等加以说明。这几乎涉及体育教学论体系中的基本内容，所以人们又将教学模式称为"微型教学论"。这一特点提醒我们在认识和运用体育教学模式时，必须全面、整体地把握确定体育教学模式的主要要素，如体育教师的教学风格、学生的年龄特点、体育基础特点、课程内容特点等，同时还要兼顾它的一些次要要素，如教学场地条件、环境条件、教学班级人数、外界天气气候特点等，并把它们之间的关系认识清楚，注重各环节的相互配合、相互衔接，使之成为一定的教学程序。这种多部分、多要素、多环节的有机组合就体现了体育教学整体性，也说明了体育教学模式并非多环节、多要素的简单堆积，是具有一定科学性的。

（五）优效性

体育教学模式是在一定思想理论指导下建立的，但它必须经过教学实践的不断修正、补充、完善。因此，它的主要着眼点是提高教学质量，改进体育教学过程，使体育教学各环节更为科学化，减少不必要的浪费与重复，从该角度而言，体育教学模式具有优效性特点。

二、体育教学模式的功能

（一）体育教学模式的中介功能

教学模式是教学模式和教学实践之间承上启下的"中介"，一方面它能对教学活动进行理论指导，使教师能在深远的背景中思考教学的若干问题；另一方面，它又能为教学实践提供操作程序和策略。体育教学模式的"中介"功能也是如此，它既是一定的体育教学指导思想、体育教学相关理论的具体体现，又能为体育教师提供具体的操作程序和操作策略，以便更有方向性地开展实践活动。例如：启发式体育教学模式体现的指导思想是开发学生的积极思维能力，使体育学习活动既有学生肢体的参与，又有大脑的积极活动，提高体育学科的科学性。它的操作程序则为：设置教学情景—进行初步的尝试性练习—提出问题，创设情境，引起学生兴趣，形成探究动机—洞察、展望、分析、比较，提出假说，进行选择思维—从事操作，验证假说，得出结论—进行正常的运动技术教学—结束单元教学活动，为教师提供可操作的教学使用程序。

（二）体育教学模式的简化功能

体育教学活动具有特殊性和复杂性，这种特殊性和复杂性仅靠人们的思辨和文字的方式去处理显然是不完全的。如果采用图式去揭示各系统之间的次序及其作用和相互关系，就可使人们对事物有一个整体的印象。我们可以从体育教学结构的图式中看出各环节、各要素的关系，也可以看出其组织结构和流程框架，这种结构既注重了原则、原理，也注重了行为技能的学习。因此，从客观上看它是符合现代体育教学任务的，既重视了体育知识的学习，又注重了体育技术、体育技能的学习与掌握；既着重学生的学习目标，又着眼教师的设计方案；既反映了教学理念，又注重具体的操作策略，所以它具有可操作性，具有一套比较完整的结构和机制。它比抽象的理论更具体、简化，为体育教师提供了基本操作框架，更接近教学实际，有一种一目了然的感觉，易被教师理解、选用、操作与认可。

（三）体育教学模式的解释、启发的功能

体育教学模式可以用简洁明了的方法来解释相当复杂的现象，如发展体能教学模式的建立给人以整体的框架，通过文字的解释，我们加深了对模式的理解，这蕴含的理论包括：

第一，体育教学系统地、长期地发展体能的指导思想；

第二，阶段性的体能目标实施与反馈控制理论；

第三，非智力、非体力因素参与体育活动并促进技能教学的发展理论，如体能的发展是比较枯燥的，如何激发发展体能的兴趣是一种非智力、非体力的关键因素。

具体的某种教学模式核心环节是教学目标的制定与教学过程中实施的形成性评价，它包括：

第一，预先体能测验——诊断性评价；

第二，根据学生的身体条件与身体素质的侧重点安排好教学单元；

第三，对单元中诸体能目标进行练习；

第四，学习终结——总结性评价；

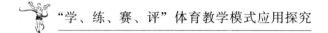

第五，依据评价的结果实施矫正措施。

这种模式体现了诊断、确立目标、定向、反馈和矫正这五种功能，体现了集体化教学和因材施教相结合的原则，激发了学生的学习动机，促进了学生认识发展。模式的建立引导教师和学生共同关注某一教学环节，使模式又有了启发的功能。

（四）体育教学模式的预测功能

体育教学模式是建立在体育教学内在规律及逻辑关系的基础上的，因此，它可以帮助人们对体育教学的进程或结果进行推断，至少可以根据其内在规律来估计各种不同结局，甚至可以建立其假说。当一个模式建立后，可以根据其内在、本质的规律及其现象来完成推断功能。如快乐体育教学模式，注重的是学生在愉快中学习体育，并享受体育活动的快乐，同时学会一种基本的运动技能，为终身体育打好基础。若在教学中没有达到这种预先的目标，那么就可以进行相应调整；若达到了，则与事先的预测相吻合，证明了理论与实践的统一。

（五）体育教学模式的调节与反馈功能

实践是检验真理的唯一标准，根据具体的教学条件、环境和具体的教学指导思想而安排的体育教学模式最终要受到实践的检验。如在具体的操作过程中，某种具体的教学模式并没有达到教学目标，则应对操作过程中的各环节、各因素进行具体的分析，找出其中的利弊，分析原因，从而为下一阶段的教学程序设计与实践操作打好基础，这就是体育教学模式的调节反馈功能。

第三章 常见的体育教学模式研究

第一节 传统运动技能教学模式

一、背景

运动技能类教学模式主要沿袭了教育家凯洛夫的教育思想和教学模式，主要遵循学生认识事物的规律（从感性认识上升到理性认识），运动技能形成规律（粗略掌握动作阶段—掌握动作阶段—自动化阶段），将教学过程细分为感知—理解—巩固—应用等几个阶段，该模式十分重视教师的主导作用，以教师为中心、为主导。传统的运动技能类教学模式侧重本体化的加工信息，即重视从运动技能形成角度来教学，把示范、讲解、练习、纠正错误动作、再练习作为教学的程序或过程，从而形成了传统的运动技能教学模式或程序式教学模式。

二、运动技能类教学模式的指导思想

此模式的主要目标是通过运动技术的学习达到掌握运动技能的目的。运动技术是指"能充分发挥人体机能能力，合理有效地完成动作的方法"，对于各项运动项目而言，青少年学生对它既感新鲜，又觉困难，因为它只是在电视或比赛中见过，但从未在日常生活中体验过。因此作为体育教育者，首先应弄清动作技术的特征及其规律，才能有效地实施教法，教给学生。学习运动技术，掌握运动技能是该模式的指导思想，它的主要理念是通过运动技术的分段学习和细化学习，学生初步学习运动技能，并对运动技能的掌握达到自动化的程度。故运动项目的技术结

— 13 —

构、过程及其规律便成了该教学模式的理论依据，其中体育教学的单元设计、细化的课次设计均需按运动技术的结构来设计与安排。

三、运动技能类教学模式的操作程序（图 3－1）

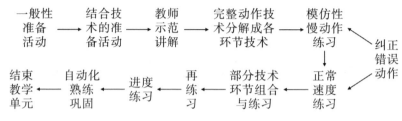

图 3－1　运动技能类教学模式的操作程序流程图

四、运动技能类教学模式的优缺点分析

（一）优点

此模式能充分发挥体育教师的主导作用，按运动技术结构循序渐进地进行教学，并安排细致的教学步骤，对学生学习较难的运动技术有相当的好处，是一种典型的传习式的体育教学模式。

（二）缺点

在长期的体育教学实践过程中，运动技能类教学模式一直是体育教学的重点所在，且沿袭至今，其主要的缺点表现在：

第一，教学中教师给予学生的是直接的正确答案，学生对为何要学缺乏正确的理解，从而影响了学生的主动性与积极性；

第二，从教学方法来看，该模式比较单调，缺乏趣味性，从而影响了学生的情绪；

第三，不重视学生的思维过程的开发，不注重比较同类或相似运动技术间的区别与联系，造成了运动技能间的干扰现象；

第四，由于运动技术项目的多样性，造成了各运动技术学习时数的严重不足。因而该教学模式影响了学生重复练习的时间，加上课外锻炼的有名无实，要使学生达到从运动技术的学习上升为掌握运动技能的阶段是不可能的，由此该模式在实际教学中自然产生了学生学而不会，看似学习了许多运动项目，实质上却没有一项能真正达到熟练程度；

第五，过多地考虑运动技术细节，忽略了学生的主观能动性，因此，学生的积极性、兴趣、热情不易调动，反而会产生对体育的乏味、枯燥、厌倦等消极情绪。

五、适用条件

运动技术比较复杂，学生人数较少，教学时数多，学生有一定的运动技能基础，适宜于初中以上学生使用。

第二节 启发式（发现式）体育教学模式

一、产生背景与特点

（一）产生背景

"发现教学"是指在教师的启发诱导下，学生通过对一些事实（事例）和问题的独立探究、积极思考，发现并掌握相应的原理和结论的一种教学模式。

"发现"的观念由来已久。以卢梭为代表的自然主义教育学派和以杜威为代表的实用主义教育学派，也都强调儿童独立发现的重要意义。此外，德国教育家第斯多惠曾说过："一个坏的教师奉送真理，一个好的教师教人发现真理。"但真正使发现教学形成理论促使其新发展的，是美国著名的认知学派心理学家和教育家杰罗姆·布鲁纳。布鲁纳认为："学习中的发现确实影响着学生，使之成为一个'构造主义者'。"

在 1960 年出版的《教育过程》一书中，布鲁纳用结构主义的观点阐述了他旨在改革美国中、小学课程的理论假说——"学科结构说"①，

---

① 叶浩生. 心理学理论精粹 ［M］. 福州：福建教育出版社，2000：147.

并指出"在知识大爆炸时代,应寻求新的方法来向新一代传授那些正在快速发展的大量知识"。这里,他所寻求的新方法就是发现教学法。

(二)特点

1. 强调学习过程

布鲁纳认为:认识是一个过程,而不是一种产品。在教学过程中,学生是一个积极的探究者。学生的学习过程就是一个自我"发现"的过程。布鲁纳十分重视学生的主动性和积极性的发挥,认为学生应具备自我探究的积极性,想方设法寻找解决问题的方法,从而学会怎样学习。

2. 强调直觉思维

此模式十分强调学生直觉思维能力的发展。因为直觉思维与分析思维不同,它不是根据仔细规定好了的步骤,而是采取跃进、越级和走捷径的方式来思维的。直觉思维的本质是映像或图像性的,它的形成过程一般不是靠言语信息,尤其不靠教师指示性的语言文字。"直觉思维、预感的训练"是正式的学术学科和日常生活中创造性思维很容易被忽略而又重要的特征。机灵地预测、丰富地假设和大胆迅速地做出实验性结论,这些是从事任何一项工作的思想家极其珍贵的财富。所以,教师在学生的探究活动中要帮助学生形成丰富的想象,防止过早语言化。

3. 强调内在学习动机

此模式重视学生形成内部动机,或把外部动机转化成内部动机。发现活动能激起学生的好奇心,学生受好奇心的驱使,对探究未知的知识就会表现出兴趣。最好的动机莫过于学生对所学材料本身具有的内在的兴趣,有新发现的自信感。布鲁纳认为,与其让学生把同学间的竞争作为主要动机,还不如让学生把挑战自己的能力作为首要目标。因此,他主张通过激励学生提高自己才能的欲求,从而提高学生的学习效率。

在体育教学中,发现式教学模式是近些年来体育学者通过教学理论的"移植"方式,运用到学校体育教学领域中的一种教学模式,也被称为"启发式教学模式",它是指教师在体育技能教学中,在初步进行尝试性练习的基础上,设置一些事实(或事例)和问题,让学生积极思考，通过讨论，依靠自己去获取新的适应和解决问题的方法，从而进行更有效的运动技术学习，更快地掌握运动技能。与传统教学相比，该模式的最大特点在于改变了学生在教学活动的中的被动地位，使学生在主动观察、判断、分析、归纳等解决问题的基础上，了解学习运动技能的意义，产生主动学习的动力。

二、启发式体育教学模式的指导思想

布鲁纳认为："进行大规模的课程改革，至少还有一个重要事情尚待解决。这就是通晓某一学科领域的基本观念，不但包括掌握一般原理，而且要包括培养从事学习研究的态度、推理和预测的态度，以及独立解决难题的可能性，一个重要的因素是关于发现的兴奋感。"① 这就是说，发现以前未曾认识的各种观念间的关系和相似的规律性，以及伴随着对自身能力的自信感。在《发现的行为》一文中，布鲁纳对这种新方法作了详细的描述，他指出："发现不限于寻求人类尚未知晓的事物，确切地说，它包括用自己的头脑亲自获得知识的一切方法。"这就说明了发现教学法与传统的以讲授为主的教学方法的不同之处。发现教学法的特点，在于它不是把现成的结论提供给学习者，而是从青少年好奇、好问、好动的心理特点出发，在教师引导下，依靠教师和教材所提供的材料。让学习者自己去发现问题、回答和解决问题，使他们成为知识的发现者，而不是消极的接受者。

启发式体育教学模式的指导思想主要表现在：

一是体现以学生为主体、为中心的思想；

二是开发学生的智力，调动学生思维的主动性、积极性；

三是不给学生现成的答案，而是让学生自己去探索问题的答案；

四是强调问题情景设置，使学生比较自然地进入情景，激发学生的学习热情；

① 叶浩生. 心理学理论精粹［M］. 福建教育出版社，2000：148－150.

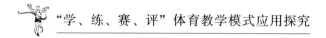

五是调动学生学习的积极性，增加学生学习的趣味性，提高学生学习的有效性；

六是提高运动技能学习的效率。

三、启发式体育教学模式的操作程序（图3－2）

设置教学情景 ⟶ 结合教学情景，提出问题 ⟶ 进行初步的尝试性练习 ⟶ 寻找问题答案 ⟶ 验证假说，得出结论 ⟶ 进行正常的运动技术教学 ⟶ 结束单元教学

图3－2　启发式体育教学模式的操作程序流程图

第一，设置教学情景。教学情景必须紧密结合具体动作技术的关键技术环节。

第二，提出问题，创设情境。引起学生兴趣，形成探究动机，并根据学生在练习实践中的体验，让学生思考与比较不同的练习手段完成动作的优劣。

问题情境是一种特殊的学习情境，情境中的问题既要适合学生已有的知识水平和能力，又需要经过一番努力才能解决，从而使学生形成对未知事物进行探究的动机。在这里，教师是资料的提供者，学生是分析者和探究者。

第三，进行初步的尝试性练习。在设置的情景中让学生自由发挥自己的想象力，运用不同的练习手段来完成运动动作。

第四，洞察、展望、分析、比较，提出假说，进行选择思维。学生利用给定的材料，在教师的指导下，通过相互讨论，运用已学的科学知识与原理，找出它们之间的关系。在寻求答案的过程中，充分利用直觉思维提出各种有益于问题解决的可能性等。在这里教师是支持者，学生是分析者和假设提出者。

第五，从事操作，验证假说，得出结论。运用分析思维对各种可能性进行反复的求证、讨论，寻求答案。根据学生的"自我发现"提取出解决问题的方法，并把它付诸实践，提高学生运用知识、分析问题和解决问题的能力。在这里，教师是顾问，学生是分析者和探究者。

第六，进行正常的运动技术教学。

第七，结束单元教学活动。

四、优缺点分析

（一）优点

此教学模式侧重发展学生的智力，在学习过程中运用问题情景来激发学生学习的好奇心，调动学生思维的积极性，使学生主动地学习而不是被动地接受，并从中理解学习体育运动技能的意义。因此在某种程度上而言，启发式教学模式有利于发展学生的智力水平，增加体育学习的热情与积极性，有助于运动技术的学习和学习技术效率的提高。

（二）缺点

从教学模式的评价方面，一方面，由于智力水平、情感体验等心理学指标难以测定，因此要比较该教学模式与其他教学模式的优劣性，一时之间难以判断；另一方面，由于教学中花费在问题的提出、讨论、解决方面的时间比较多，运动技能的学习与练习的时间则会相对减少，而运动技能掌握的主要诀窍就在于多练习，因此会对运动技能的学习与熟练掌握产生较大的影响。

五、适用条件

1. 具有一定理解能力的初中以上的学生，已经掌握一定科学知识与原理，如物理学中的力学知识、运动学知识，数学中的各个变量之间的关系原理等，并应具备一定的运动能力与经验；

2. 教学学时要充足，最好是大单元教学学时或选项课教学；

3. 体育教师应具有较高的教学水平与经验，善于运用灵活的教学方法、教学组织形式等来设置问题情景，并有效解决教学问题。

第三节　领会式体育教学模式

一、背景

领会式教学模式最早是由英国学者嘉宾在 20 世纪 80 年代提出的一种改造球类教学的教学过程结构，是试图通过从整体开始学习（领会）的新教程，改变以往只追求技能，而忽略学生对整个运动项目的认知和对运动特点的把握缺陷，以提高球类教学质量的教学模式。

二、领会式体育教学模式的指导思想

1. 先尝试，后学习。

2. 在尝试中了解与明白学习运动技术的重要性，以提高学生学习的主动性。

3. 先完整教学后分解教学，在掌握各分解动作的基础上再完整尝试，比较学习前后的效果。

4. 多以竞赛的形式开展教学组织活动，以提高学生学习的积极性、实用性。

三、领会式体育教学模式的操作程序

其侧重点在于让学生在实践中（活动中或比赛中）去发现问题，然后施以有效的教学方法，从而激发学生的主动学习的积极性，因而也有助于提高学习的效率。其程序见图 3-3。

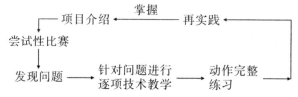

图 3-3　领会式体育教学模式的操作程序流程图

四、优缺点分析

(一) 优点

先让学生在运动的初步体验中体会学习正确动作的必要性，然后教师有针对性地施以某些技术环节教学，使学生产生强烈的学习动作的动机和需要，极大地调动学生的积极性，并提高学生学习的效率。

(二) 缺点

在尝试性比赛中，可能会因学生在运动技术方面缺乏了解而造成比赛的混乱、秩序的无常，场面难以控制。应尽量选择一些限制性的尝试性比赛，降低难度和要求，使学生慢慢进入活动角色。

五、适用条件

球类教学内容，具备一定理解能力的初中以上的学生，教学场地与器材较为充足。

第四节　小群体体育教学模式

一、背景

社会学认为，群体是个人存在的普遍形式。个人的存在就要通过自身的体力、智力、情感等要素的输出和对他人要素的摄取来表现自己。个人为表现自己的存在，就要与他人发生联系，聚合成群体。人群活动的基本单位，就是这样和那样的个人组合，即群体。任何群体都具有互助与互争的二重本质，互助是群体的内向本质，互争是群体的外向本质，群体之间往往表现为互争的形态。

规模较小的群体叫小群体，小群体是个人最直接、最重要的活动环境，对个人的心理意识、理想的形成、情感的获取都起到决定性作用，其基本特征是成员接触的直接性——互动。因此，体育教学中的小群体教学模式，是把学生分成若干个学习小组，在教师的指导下，同组学生与学生之间、小集团与小集团之间通过互动、互助、互争，增强学生学习的主动性，从而提高教学效率的一种教学模式。

二、小群体体育教学模式教学指导思想

体育教学中的小群体教学模式，其教学思想的背景比较复杂，但其基本思想是试图通过体育教学中的集体因素和学生间交流的社会性作用，通过学生互帮互学来提高学生的学习主动性，提高学生学习的质量，并达到对学生社会性培养的作用。需要指出的是，小群体学习的模式与以往为提高教学效率和进行区别对待的分组教学是有根本区别的。前者充分考虑了体育教学中的集体形成和人际交流的规律性来设计教学过程。

小群体教学模式具体指导思想表现在以下几个方面。

1. 强调组内学生的精神，并团结一致提高组内的竞争力。

2. 组间学生在条件基本均等的情况下合理竞技，激发学习的兴趣，提高学习的效果。

3. 培养学生胜不骄、败不馁的宽容意识。

4. 通过学生的互帮互助、合理公平的竞争，发展学生的社会适应能力、心理健康水平。

三、小群体体育教学模式教学程序（如图 3—4）

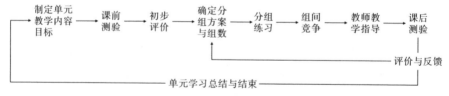

图 3—4　小群体体育教学模式教学程序流程图

四、优缺点分析

(一) 优点

小群体教学模式注重学生之间的合作性、相容性，同等基础条件下的学生组成一个集团或小组，可以更有效地调动学生学习的积极性、竞争性，也更容易培养与发展学生的社会适应能力，而这种能力的发展对学生将来从事社会工作是非常重要的。同时同组学生通过互帮互助，培养学生的合作能力；异组的学生竞争可以发展学生的竞技能力、面对困难的挑战能力等。

(二) 缺点

由于小群体教学模式着重发展学生的社会适应能力，因此一方面在具体的体育教学中要在教学组织方面花上一定的时间，而这方面的组织工作需要较长的时间；另一方面，在学生方面也有一个适应过程，这种适应过程有时可能是很长的，因为学生之间的合作需要一个磨合过程，因此要发展学生的社会适应能力，就必须牺牲学生一定的练习时间，来做好各种组织工作。

五、适用条件

1. 某个年级或某班级学生的合作能力与社会适应能力较差，需要在这些方面得到发展。

2. 教学条件比较好，特别是教学器材充分，能满足教学分组的需要。

3. 做好教学前后的测试工作，并记录下来作为教学参考的依据，做好教学的评价工作。

4. 分组后，各组学生在教学中需要搞好合作关系，在课外也要把这种关系延续下去。

第五节　快乐体育教学模式

一、背景

有学者认为快乐体育教学是重视每一个不同运动所具有的独特乐趣，并可以愉快地从事运动学习，把运动中内在的乐趣作为目的和内容来学习的一种体育。同时认为其基本宗旨是：把运动作为体育追求的目标而不仅仅是手段，把运动作为学生将来生活的内容来教给学生，让他们能够理解、享受、掌握和创造运动，使运动文化成为自己生活内容中不可缺少的一部分。快乐体育的追求目标是蕴藏在体育运动中的无穷乐趣，而体育中的乐趣是独有魅力的，是体育的生命。因此，我们对现有的体育教材内容要重新认识和分类，构建新的教材体系，有目的、有计划地使学生体验不同教材的乐趣，从中认识体育运动的本质，体验运动的特点，增加体育教学的深度。

也有学者认为快乐体育教学是以运动为基本手段并采用适宜的教法，在发展学生身体的前提下，使学生得到理性的快乐体验，即以快乐心理体验为直接（显性）目标的体育教学，其作用是能够较好地提高学生体育学习的兴趣，养成锻炼的习惯。其特点是通过教师的指导使学生在乐中学、在学中乐，强调学习者的学习兴趣和成功体验。其教学过程是从体验发现到挑战学习，再到总结创造，强调不仅体验运动的乐趣，而且有学习、挑战、交流、创造等多种心理体验。

二、快乐体育教学模式的指导思想

快乐体育教学模式的指导思想具体体现在以下几个方面。

（一）注重整体教学思路，重视单元设计

体育教学犹如一个平台，它承载着认知与方法、运动技能、情感与态度，如果体育教学偏袒了哪一边，它都将失去平衡，影响教学的效果

和质量。而大多数教师在实践时，对运动技能的准备较为充分，也开始注重学生的兴趣和体验，但很容易忽视学生的学习方法和运动的相关知识介绍，把学生的认知过程当成了一种陪衬，或者有教学前的准备，在教案教学目标中有体现，不过教学实施中、教学评价时却又搁置了。体育单元教学可以较好地利用一类相似的运动技术或原理的共性。例如：有氧练习的教学单元，学会一两种运动方式，有一定的编操能力是运动技能所要达到的目标，但是有氧练习的心肺功能要求、编操的结构等有较类似的知识体系和方法，可以有意识地引导学生掌握这一类的认知规律和学习方法。

（二）灵活运用多种教学方法营造课堂和谐、合作的教学气氛

要尊重、强调学生的学习主体地位，提倡教学活动中学生认知、情感、行为的高度统一，达到运动技能与体验乐趣的双赢效果。注重教材内容的创新和迁移，结合教学实际，合理运用激励和其他手段，强调师生之间、学生之间的多向交流，在形式与内容上优化教学环境，培养学生正确的运动价值观与运动行为习惯。教师应利用学生"爱运动"的良好动机，运用多种教学方法让学生充分享受到运动的固有乐趣，改变其"不爱上体育课"的现象。

（三）利用自身优势，开发和改造教学条件和环境

无论是新课程理念，还是快乐体育思想，都有相对稳定的教学结构和教法体系，但同时又存在其适应的教学条件和环境。例如：快乐体育教学运用语言法和暗示法较多，需要教师的不断激励和关注。相对而言，低年级的学生较易接受，对班级集体要求有一定的凝聚力，课堂氛围较为活跃等。而新课程要求教师尽可能利用学校自身优势，开发和改造教学条件和环境。

三、快乐体育教学模式操作程序（图 3－5）

结合具体内容，进行低要求的游戏，享受乐趣 —→ 让学生挑战新技术（低难度教学活动） —→ 学生结合教学活动，自定目标，以创造活动乐趣 —→ 竞赛、评比

图 3－5　快乐体育教学模式操作程序流程图

四、优缺点分析

（一）优点

快乐体育的目的主要着重发展学生的感情因素，注重学生的情感体验，一方面对于改进目前的教学现状有比较大的意义；另一方面可以在无运动技术要求的情况下增加练习的时间，提高运动的能力。

（二）缺点

学习内容容易造成单调，对于学生的兴趣难以长期维持，因此需要体育教师不断变化教学方法与组织形式，以满足学生对体育活动的持续性兴趣与需要。

五、适用条件

1. 体育教师具有较为丰富的教学实践经验，善于开发运动项目的独特灵活的教学方法。

2. 教学内容的难度较低，或在教学过程中基本没有技术难度要求。

3. 学生对于一些基本的运动练习手段有一定的基础，并有一定的组织创新能力。

4. 比较适合高中年级以下的学生。

5. 教学场地、器材的要求比较高，能满足各组的教学与练习活动。

第四章　体育教学训练方法的创新与实践

第一节　体育教学训练方法的创新

弘扬中华体育精神，建设世界体育强国，是中国梦的重要内容。而实现这样伟大的战略梦想，需要我们每个人的参与。体育既能增强人的身体素质，又能磨炼人的意志力。高质量的体育教学是迈向体育强国的第一步，在体育教学中，高校作为前沿阵地，要不断创新教学训练方法，使学生更好地利用创新成果，增强自身体育水平。

一、体育教学训练方法的创新意义

高校是为国家培养技术型人才的教育基地，高校培养的是综合型的人才，其教学培养方式应该紧跟时代发展潮流，在教学实践中要不断实施教学改革，改革中不断提升学校自身内涵，应用现代化的教育理念推动学生向前发展，学校要立足于学生的发展，为学生营造校园体育文化，构建优秀和谐的体育教学环境，在开展体育教学中达到育人效果，为社会输送优秀的人才。创新在谈及国家发展和国家竞争力时常被提起，中国正处于经济结构转型升级和世界新一轮技术革命交汇时期，创新驱动高质量发展渐成共识。在高校体育教学中也是同样的道理。现实中，存在一些高校把体育课变成了"休息课"，认为体育教学可有可无的现象。在这样的理念下，一方面，学生在上体育课时缺乏积极性，参与程度普遍较低，体育课的精神面貌浑浑噩噩；另一方面，老师也存在应付课堂的情形，没有体育教学规划，只是单纯地带学生做运动，教学模式老旧，教学方法与时代脱轨，体育教学无法满足现行标准下的教学要求。因此，创新体育教学方法势在必行。

二、体育教学训练方法的创新措施

（一）激发学生兴趣

在高校教学中，无论是体育科目还是其他专业科目，都存在着一些问题，那就是在教学中没有关注到学生的主体地位，在教学中难以激发学生兴趣，导致课堂的参与程度较低，教学效率低下。要唤起学生的运动热情，做好学生的思想动员工作，在课堂上可以就训练内容进行即时小测试，带领学生融入体育教学课堂。领会教学法在高校体育教学球类项目等可以多采用，在训练中从整体入手，先讲比赛规则，先让学生感受一项运动的魅力，激发学生学习兴趣，再在比赛过程中让学生发现自身的不足，促进技术的学习。无论是高校或者其他年龄段的学生，都喜欢轻松欢乐的教学氛围，体育老师可以在课堂上带领学生做相关游戏，在游戏过程中愉悦学生的心情，从而激发学生兴趣，提升课堂的参与度。

（二）改变教学方式

体育教学相比于其他专业科目，有其自身的特殊性，在教学中更注重学生能力的培养，所以体育教学训练方式的科学性与合理性显得非常重要。长期以来，实践教育环节薄弱甚至缺失，成为制约高校实施素质教育、改革人才培养模式的重要瓶颈。例如：在高校体育教学中，为了改进体育教学中的训练方法，老师可以改变传统的教学方式，在具体教学实施中使用翻转课堂的教学模式，比如在学习篮球训练方法时，课前老师将课堂要学习的知识和技巧上传到教学平台，学生在课前通过观看视频的形式将大部分内容掌握，有条件的学生可以边观看边实践；对于兴趣高的学生们可以通过互联网寻找相关的教学视频资源，充分了解篮球的相关知识。课堂上，老师不用刻意地强调基础知识，这样可以有效地延长课堂练习时间。翻转课堂背景下的课堂，老师要做好课堂的组织和引导工作，对学生进行合理分组，让小组内的学生展开训练，学生在练习中可以共同探讨训练方法，每个人贡献一点想法，凝聚在一起可能就是一个有效的训练方法。教师在这一过程除了要适应角色的转变，还要掌握一些新技术，这样也可以有效提高教师的综合素养。

总之，高校体育教学不容忽视，在教学中要结合教学实践不断创新训练方法，灌输学生终身运动的体育理念，让体育运动既能增强学生体魄，又能锻炼学生心智。

（三）创新训练内容

提到体育训练，人们往往会想到跑步、做操、汗流浃背、疲惫不堪等字眼，因此，传统的体育训练内容很难调动学生的学习积极性，基于这一原因，体育教师应当注意创新体育训练的相关内容。第一，要注意在训练中体现时代特点。第二，要结合学生的心理特点以及心理需求。例如，当前体育舞蹈成为一种时尚，为人们喜闻乐见，并且成为一种高雅的交流方式和娱乐方式。在高校体育训练中安排体育舞蹈的训练，可以投学生所好，有效增强学生的练习积极性。第三，要懂得利用学生易于接受的形式。例如，可以通过游戏创新训练形式。体育游戏的运用，可以有效增强体育教学的趣味性，成功调动学生的学习兴趣。教师可以在教学过程中安排与教学内容相关的体育游戏，使学生在游戏过程中锻炼体育技能，增强身体素质。例如，在篮球教学过程中，教师为了锻炼学生的带球能力，可以将单纯的带球练习改造成游戏的形式，将学生分为几个小组，以小组为单位展开带球接力赛，在学生带球接力的过程中设置一些花样带球环节，如盘球、颠球等，使学生在娱乐中增强技能，从而感受体育训练的魅力，更加主动地参与训练。

综上所述，在高校体育锻炼教学过程中，教师应当安排适合高校学生的教学内容，注重创新教学方式和教学内容，在体育教学过程中充分发挥学生的主体性，锻炼过程中通过创新方式增强学生对体育锻炼的兴趣，在此基础上以竞争方式调动学生参与体育锻炼的热情，使体育锻炼成为高校学生学习生活的重要内容之一，真正起到促进学生身心健康发展的重要作用。

第二节　田径运动与训练

一、跑

（一）短跑

短跑是田径赛项目中的一类，一般包括 60 米跑、100 米跑、200 米跑和 400 米跑等。短跑运动的特性是人们同时以最快的速度，在确定的跑道上跑完规定的距离，并以最先跑完者为优胜的项目；在人体机能供能方面，表现为人体最大限度地发挥人的本能，并以无氧代谢供能的方式供能。短跑技术是一个不可分割的完整体，为了便于分析，可把它分为起跑和起跑后的加速跑、途中跑和终点跑四部分。

1．短跑的技术

起跑的任务是获得向前冲力，使身体迅速摆脱静止状态，为起跑后加速创造有利的条件。

（1）起跑器的安装

起跑器安装的方法有"普通式、拉长式、接近式"三种。

通常采用"普通式"，前起跑器安装在起跑线后一脚半（约 40～45 厘米）处，后起跑器距离前起跑器一脚半前，后起跑器的支撑面与地面分别成 40°～45°角和 70°～80°角，两个起跑器的中轴线间隔约 15 厘米。

（2）起跑技术

起跑技术包括"各就位""预备""鸣枪"（或"跑"）三个阶段。听到"各就位"口令后，做 2～3 次深呼吸，轻快地走到起跑器前，两手撑地，两脚依次踏在前、后起跑器的抵足板上，后膝跪地，两手放在紧靠起跑线后沿处，两臂伸直，肩与起跑线平行，两手间隔比肩稍宽，四指并拢和拇指成八字形支撑，颈部自然放松，两眼视前下方约 40～50 厘米处，注意听"预备"，口令。

听到"预备"口令后，随之吸一口气，平稳地抬起臀部，与肩同高或稍高于肩，重心适当前移，肩部稍超出起跑线，这时体重主要落在两臂和前腿上。"预备"姿势应当稳定，两脚贴起跑器抵足板，注意力高度集中。听到枪声，两手迅速推离地面，两臂屈肘有力地做前后摆动，两腿迅速蹬离起跑器，使身体向前上方运动，前腿快速有力地蹬伸髋、膝、踝三个关节。

（3）起跑后的加速跑

起跑后的加速跑是从后腿蹬离起跑器到途中跑之间的一个阶段，其任务是充分利用向前的冲力，在较短距离内尽快地获得高速度。

当后腿蹬离起跑器并结束前摆后，便积极下压着地。第一步着地应尽量靠近身体重心投影点，脚着地后迅速转入后蹬。前腿在蹬离起跑器后也迅速屈膝向前摆动。

起跑后的最初几步，两脚沿着两条相距不宽的直线前进，随着跑速的加快，两脚着地点就逐渐合拢到假定的一条直线两侧。加速跑的距离，一般约为 25～30 米。

（4）途中跑

途中跑是短跑全程距离最长、速度最快的一段，其任务是继续发挥和保持高速度跑。摆动腿的膝关节迅速有力地向前上方摆出，支撑腿在摆动腿积极前摆的配合下，快速有力地伸展髋、膝和踝关节，蹬离地面，形成支撑腿与摆动腿协调配合动作。

腾空阶段小腿随着蹬地后的惯性和大腿的摆动，迅速向大腿靠拢，形成大小腿边折叠边前摆的动作。与此同时，摆动腿以髋关节为轴积极下压，膝关节放松，小腿随摆动腿下压的惯性自然向前下伸展，准备着地。

着地缓冲阶段着地动作应是非常积极的，在途中跑时，头部正直，上体稍有前倾，两臂前后摆动要轻快有力。

弯道跑从直道进入弯道跑时，身体应有意识地向内倾斜，加大右腿的蹬地力量和摆动幅度，右臂亦相应地加大摆动的力量和幅度，有利于迅速从直道跑进弯道。

弯道跑时，身体应向圆心方向倾斜。后蹬时右腿用前脚掌的内侧用力，左腿用前脚掌的外侧用力。弯道跑的蹬地与摆动方向都应与身体向圆心方向倾斜趋于一致。

（5）终点跑

终点跑是全程跑的最后一段，任务是尽力保持途中跑的高速度跑过终点。终点跑的技术是，要求在离终点线 15～20 米处，尽量保持上体前倾角度，加快两臂摆动的速度和力量。在跑到距离终点线一步时，上体急速前倾，用胸部或肩部撞终点线，并跑过终点，然后逐渐减慢跑速。

2. 短跑的专门练习

（1）小步跑

上体正直，肩放松，两臂前后自然摆动，髋、膝、踝关节放松，迈步时膝向前摆出，髋稍有转动。当摆腿的膝向前摆动的同时，另一腿的大腿积极下压，足前掌扒地式着地。着地时膝关节伸直，足跟提起，踝关节有弹性。

（2）高抬腿跑

上体正直或稍前倾，两臂前后摆动。大腿积极向前上摆到水平，并稍稍带动同侧髋向前，大小腿尽量折叠，脚跟接近臀部。在抬腿的同时，另一腿的大腿积极下压，直腿足前掌着地，重心要提起，用踝关节缓冲。

（3）后蹬跑

上体正直或稍前倾，两臂自然摆动，摆动腿积极向前上方摆出，躯干扭转，同侧髋带动大腿充分前送。在摆腿的同时，另一腿的大腿积极下压，足前掌着地，膝、踝关节缓冲，迅速转入后蹬。后蹬时摆腿送髋动作在先，膝、踝蹬伸在后，腾空阶段重心向前，腾空时要放松，两腿交替频率要快。

（4）后踢小腿跑

上体正直或稍前倾，两臂前后自然摆动，足前掌着地，离地时足前掌用力扒地。离地后小腿顺势向后踢与大腿折叠，膝关节放松，足跟接近臀部。

（5）折叠腿跑

上体正直或稍前倾，两臂前后摆动。后蹬结束立即向前上方抬大腿和收小腿，膝关节放松，大小腿充分折叠，边折叠边向前摆动。在摆腿折叠前摆的同时，另一腿的大腿积极下压，足前掌着地，膝关节缓冲。

3. 创新的训练方法

（1）惯性跑训练

采用惯性跑让运动员体会放松技术。众所周知，如果让一个物体突然由运动状态转为静比状态，其还会在惯性的作用下继续保持运动状态一段时间。在进行短跑训练时，亦可以采用惯性来进行放松技术的训练，使运动员能够在惯性的帮助下更好地体会放松技术，提高其应用放松技术的能力。具体方法如下：在 200 米的赛道中，先让运动员快跑 60 米，而后借助惯性慢跑 40 米，再快跑 60 米，而后慢跑 40 米，如此循环往复，使运动员能够在 60 米的快速跑中获得惯性，继而在 40 米慢跑中，借助惯性体会放松技术，以此来提高其放松技术的应用能力。需要注意的是，在进行慢跑时，运动员必须停止主动的用力，否则惯性就会因为运动员的主动用力而消失，致使惯性跑的作用丧失。

（2）大步跑训练

在进行短跑训练时，教练员可以让运动员进行大步跑训练，即通过一定的速度来提高运动员的步长，继而使其能够更好地体会踝关节的缓冲情况。具体的操作方法如下：首先，教练员可以让运动员进行走或者慢跑 100 米，继而迈大步跑一定距离。在进行这一训练时，教练需要做好两个方面的工作：一是对运动员的速度进行控制，使其保持在运动员最大速度的 80%～85% 之间。二是大步跑的距离要根据慢跑或走的距离进行调整，如果之前采取的是慢跑，则大步跑的距离应该小于慢跑的距离；如果之前采取的是走，则大步跑的距离应该大于走的距离。除此之外，在进行训练时，伴随着速度的增加，运动员应该逐步提高步长并要增加摆腿幅度与蹬地的力量，确保能够充分地将大腿抬起，髋关节打开。只有这样才能够更好地在慢跑训练中掌握放松技术并学会如何应用放松技术，继而提升短跑训练的质量和效率，提高运动员的成绩。

（二）接力跑

接力跑技术包括短跑技术和传接棒技术。接力跑的成绩不仅取决于队员跑的速度，而且队员之间的相互配合也很重要。

1. 起跑

持棒起跑：第一棒传棒人持棒（以右手为例），采用蹲踞式起跑，按规则接力棒不得触及起跑线和起跑线前的地面。持棒起跑技术和短跑的起跑相同，持棒方法主要有三种：

第一，右手的食指握住棒的后部，拇指与其他三指分开撑地。

第二，右手的中指、无名指握住棒的后部，拇指、食指和小指成三角撑地。

第三，右手的中指、无名指和小指握住棒的后部，拇指和食指分开撑地。

接棒人起跑：接棒人站在接力区后端线或者说预跑线内，选定起跑位置，两脚前后开立，两膝屈着，上体前倾。接棒人应站在跑道外侧，左腿在前，右手撑地保持平衡，身体重心稍偏右边，头部左转，目视传棒人的跑进和自己起动的标志线。当传棒人员跑到标志线时，接棒人员便迅速起跑。

2. 传接棒方法

（1）上挑式

接棒人的手臂自然向后伸出，手臂与躯干约成 $40°\sim50°$ 角，掌心向后，拇指与其他四指自然张开，虎口朝下。传棒人将棒向前上方送入接棒人的手中。

这种传棒方法的优点是接棒人向后下方伸手臂的动作比较自然，传棒人传棒动作也比较自然，容易掌握；缺点是接棒后，手已握在接力棒的中部，如不换手再传给下一棒时，则只能握住接力棒的前部，容易造成掉棒和影响快速前进。

（2）下压式

下压式也称"向前推送"的传接棒方法。应当强调的是，在传棒时，手臂不要太高，而是用手腕动作将棒向前下方推送入接棒队员手中。并且，传棒人可以用手腕动作来调整传棒动作的准确性。在做此动作时，接棒人的手臂向后伸出，手臂与躯干约成 $50°\sim60°$ 角，手腕内旋，掌心向上，拇指与其他四指自然张开，虎口朝后，传棒人将棒的前端由上向下传到接棒人手中。下压式传接棒技术的优点是每一棒次的接棒都能握住棒的一端，便于持棒快跑；缺点是接棒时，接棒人的手臂比较紧张，不够自然。

（3）混合式

第一棒用"上挑式"传棒，第二棒用"下压式"传棒，第三棒仍用"上挑式"传棒。

3. 创新的训练方法

（1）弯道跑练习

弯道跑练习主要是针对第一、三棒运动员而言的。运动员要反复地持棒进行弯道跑练习，增加对器械的感觉，消除不习惯的感觉，并由此找到适合自己的道次，以及找到适合自己的持棒方式。

（2）双人练习

在接力跑的道次安排确定后，第一棒队员与第二棒队员配对练习，第三棒队员与第四棒队员配对练习，在熟练掌握传、接棒技术后，第二棒队员与第三棒队员再配对练习。

画好接力区，$50\sim80$ 米分段进行传、接棒练习，传棒队员跑到标志点后发出口令，接棒人听到口令后，向后伸臂果断、稳定，不可左右晃动。传棒队员发出口令后，必须有一定的间隙，便于看清同伴伸出手后的准确传棒。两人跑进的速度根据传、接棒的熟练程度由慢到快，多次重复。通过反复练习，两名队员要确定起动标志点和传、接棒的方式。

（三）跨栏跑

1. 110米栏技术

110米栏的栏架高1.067米，过栏和栏间跑的速度相当快，是跨栏跑中技术难度最大的项目。

110米栏采用蹲踞式起跑。前起跑器安装在距起跑线一脚半到两脚处，后起跑器距前起跑器约一脚远，两起跑器间宽15～20厘米。做"预备"姿势时，臀部抬至超过肩的部位，体重由撑地的两臂和前腿负担，头保持和躯干成一直线，集中注意力等待鸣枪。

（1）起跑至第一栏技术

鸣枪后跑出的动作和短跑的起跑动作基本相同，起跑时应把起跨腿放在前起跑器上，起跑后前几步都必须有足够的步长。

110米栏起跑因受第一栏前固定距离（13.72米）和固定步数的制约，应特别注意步长的准确。

（2）栏间跑技术

栏间第一步的水平速度因过栏有所降低，为了争取第一步必要的步长，应充分发挥踝关节及脚掌力量，用力摆臂也能起到提高蹬地效果和加快动作频率的作用。

第二步动作结构的支撑与腾空时间关系大致与短跑途中跑相同。

第三步因准备起跨形成一个快速短步，动作特点与跨第一栏前的最后一步相同。第三步应是栏间跑速度最快的一步。

（3）过栏技术

原地做摆动腿模仿练习：栏前直立，面对栏架，摆动腿屈膝高抬，膝盖达到栏架高度时，小腿迅速向前摆出，接着积极下压大腿，摆动腿基本伸直，脚掌靠近栏板，然后下落，用脚掌在身体重心投影点前落地，熟练后可连续做。

走步中做摆动腿"鞭打"动作：腿的折叠、高抬，前摆小腿及下压大腿都与前一练习相同。走三或五步做一次，强调膝高于踝，不出现踢小腿的动作，熟练后加上两臂的配合动作，练习速度适当加快，注意动作放松。

走步中做摆动腿经栏上的栏侧过栏：站在起跨腿一侧，从栏前一米处起跨，摆动腿屈前摆，伸出小腿，经栏板上向栏后积极直腿下落，起跨腿配合做小幅度的提拉动作，熟练后在慢跑中接连跨3～4架栏。

原地提拉起跨腿过栏：双手扶肋木站立，在起跨腿一侧距肋木1～1.2米远横放架栏，上体稍前倾，眼平视，起跨腿屈膝经腋下向前提拉，膝部提举到身体正前方，身体不要扭转或偏斜。先做单个提拉动作，后连续做，动作速度由慢到快。栏架也可以纵放。

起跨腿过栏动作：动作同前，栏前走两三步后经栏侧提拉起跨腿，摆动腿做小幅度动作配合，以体会两腿的剪绞，身体过栏后，双手抓肋木，起跨腿提举至身体正前方。

栏侧做起跨腿练习：过3～4架栏，栏距7～8米，先走步中做栏侧过栏，后慢跑或快跑。做起跨腿经栏上过栏，起跨腿蹬地要充分，不急于向前提拉，当摆动腿移过栏架下落时，迅速提拉起跨腿过栏。

学习过栏时两腿的剪绞动作和上下肢的配合动作：从原地站立开始做"跨栏步"中两腿剪绞换步动作，摆动腿屈膝高抬大腿，随之前伸小腿用前脚掌落地，摆动腿下落的同时，蹬离地面的起跨腿屈膝经体侧向前提拉超过摆动腿。动作同上，在小步跑中连续做过栏模仿动作，跑三步后做一次"跨栏步"。应注意跑的直线性并有节奏，身体正对前方，同时注意两臂的配合用力。

原地摆腿过栏：上体正直面对低栏站立，将摆动腿大腿放在栏架横板上，小腿放松下垂，做两三次轻微摆小腿后，起跨腿蹬地，当伸直的摆动腿下压时，起跨腿迅速收起提拉过栏。

在走、跑中做栏侧过栏：强调两腿配合，摆动腿虽然不经过栏板上方，也必须完成折叠、举膝、伸下腿下压的动作。练习时在跑道上放3～6架栏，栏间相距7～8米，跑三步。当两腿配合剪绞的同时，两臂按动作要点做好前伸后摆等动作。

高抬腿跑中从栏侧或经栏上过栏：高抬腿跑至栏前，保持高重心，距栏约1米处起跨，过栏动作同前，但幅度小，腾空时间短，注意上下肢配合，身体始终直立不前倾，尽量不上跳，下栏后继续高抬腿跑准备过下一个栏。

2. 过栏技术的主要错误和纠正方法

（1）起跨时身体重心低，蹬地不充分，屈腿跳栏

产生原因在于栏前跑的技术差，速度过慢，后两步拉大步降低身体重心，用脚跟踏地起跨或全脚掌击地造成很大制动，起跨时蹬摆配合差，下肢力量差，屈膝缓冲过大，心理上怕栏。

纠正方法有三方面：一是纠正栏前跑的技术，形成较准确的步长，提高起跨点准确度。降低栏架高度，缩短栏间距离，用高重心跑。在最后两三步按标志跑，检查纠正后两步的"短步"关系。二是做起跨攻栏模仿练习，建立高重心起跨的肌肉感觉。三是练习跳绳、负重跳跃、长距离多级跳及双脚连续跳栏架（栏高76.2厘米），发展下肢各关节及脚掌肌肉力量。

（2）高跳过栏，身体腾空时间过长

产生原因在于起跨腿膝关节弯曲过大，脚跟着地，蹬地角度大，垂直分力过大。起跨点离栏架太近，限制摆动腿向栏迅速前摆，怕碰栏受伤。摆动腿踢腿上摆，前伸小腿缓慢，下放摆动腿消极。

纠正方法要做到两方面：一是改变起跨点，使之不短于自己七个脚掌长，适当加快栏前跑的速度。学习正确放脚起跨技术，保持高重心起跨姿势，用橡皮条代替栏的横板，消除怕栏顾虑。二是掌握摆动腿屈腿摆动攻栏技术。

（3）摆动腿直腿摆动攻栏或屈小腿绕过栏板

产生的原因在于对摆动腿的动作概念不清。摆动腿膝关节紧张，小腿过早前伸。摆动腿大小腿折叠不够，大腿屈肌力量差，起跨前大腿抬不高。

纠正方法有三个方面：一是详细讲解摆动腿屈膝摆的技术，反复做屈腿摆的各种模仿练习。例如，面对肋木站立，距肋木1.2～1.4米，

摆腿在体后开始折叠大小腿，以膝领先屈腿前摆，大腿在体前抬平后迅速伸出小腿，脚掌伸向肋木约与腰高的部位，支撑腿蹬地的同时前倾上体，手扶肋木。二是连续做摆动腿屈膝前摆的"鞭打"动作。三是身体直立或双手撑肋木站立，摆动腿屈膝前抬，膝部负 10～15 公斤重沙袋连续高抬，以发展髂腰肌和大腿屈肌的力量。四是大量重复做摆动腿栏侧过栏练习，要求大腿高抬后再前摆小腿，膝关节放松。

（4）腾空后两腿动作消极，剪绞时机不正确

产生的原因在于起跨腿蹬地不充分，过早开始提拉。两腿肌肉伸展能力差，髋关节灵活性差，不能在空中做出较大幅度的劈叉分腿动作。摆动腿时直腿摆动下压不积极。上体直立妨碍起跨腿用力提拉，或两臂摆动和腿的动作不协调。

纠正时要做到起跨腿栏侧过栏，要求充分蹬伸起跨腿，不急于提拉。适当加长起跨距离，加快跑速，用大幅度动作完成快速剪绞过低的栏架。发展两腿后群肌肉伸展性，改善髋关节灵活性与柔韧性，经常做压腿和劈叉练习，包括纵劈叉与横劈叉练习。

（5）过栏时摆动腿的后侧或起跨腿的膝、踝内侧碰及栏板

产生的原因在于摆动腿碰栏是因为起跨点过远，摆动腿向前速度太慢，或折叠高摆不够，上体前倾过大。起跨腿的膝、踝内侧碰栏板是因为大小腿和脚掌在提拉过程中部位不正确，另一原因是起跨腿提拉时膝未外展。

纠正方法要做到两方面：一是重复练习原地支撑提拉起跨腿过栏动作，要求膝稍高于踝，小腿收紧，足内侧保持和地面平行（足尖勿下落）；二是提拉起跨腿时，及时做出前倾上体的动作，调整起跨点，加强摆动腿大腿高抬的能力。

3．创新的训练方法

（1）循环训练法

循环训练的运作方式多种多样，在选用所需内容时应反复甄别、实用或微调，只有合理地采用多种训练处方的优化组合及综合应用，才有

可能获得最佳的运动效果。

第一，仰卧起坐 12 次；第二，原地团身跳 12 次；第三，俯卧挺身 12 次；第四，俯卧撑 12 次；第五，立卧撑 12 次；第六，弓步交换跳 12 次；第七，快速跑。要求动作转换连贯、不间断，认真完成每个点的动作，跑速为匀速跑，重复练习 2～3 组。

（2）递进训练法

在不破坏跨栏跑完整动作结构的前提下，暂时降低练习标准，先采用低栏和较近距或简易栏架，降低动作难度，使学生由易到难，循序渐进地学习跨栏跑技术。以自主练习为主，教师适当引导，当学生掌握前一项练习后，方可进入后一项练习，如同上台阶，步步升级。在教学中多采用 4 步跨栏技术，即左右腿轮换跨栏，取得较为理想的成绩。这种技术的要点是：第一，消除了因为步幅不够大而不敢继续跨栏的畏惧心理；第二，解决了用 5 步上栏浪费时间、离栏过近形成跳栏动作等问题。

（四）中长跑

中长跑是中距离跑和长距离跑的简称，属 800 米以上距离的田径运动项目。中距离跑项目有男、女 800 米和 1 500 米；长距离跑项目有男子 5 000 米和 10 000 米，女子 3 000 米、5 000 米和 10 000 米。中长跑是历史悠久且开展普遍的运动项目，在两千多年前的古代奥林匹克运动会上就有中长跑比赛。19 世纪，中长跑在英国已盛行，后来世界各国也都相继开展起来。中国从 1910 年起也有了中长跑的比赛。中长跑的动作要注意向前运动的效果，身体重心不要下降过大，两腿、两臂动作自然放松省力，两腿落地要柔和并有弹性。中长跑采用的训练方法有重复训练法、间歇训练法、快慢交替训练法以及山坡跑、沙滩跑、高原训练等。

中长跑的技术要领及其训练如下：

1. 呼吸

中长跑的距离长，消耗能量大，对氧气的需求量也大。因此，掌握正确的呼吸方法至关重要。中长跑能量消耗大，机体要产生一定的氧债，为了保证机体对氧气的需求，呼吸必须有一定的频率和深度，还必须与跑的节奏相配合，一般采用两步两吸、两步两呼，呼吸时采用口呼吸的方法。随着跑的速度加快和疲劳的出现，呼吸的频率也有所增快。

2. 起跑及起跑后的加速跑

（1）站立式起跑

各就位时，运动员从集合线走到起跑线处，两脚前后开立，将有力的腿放在前面，前脚尖紧靠起跑线后沿，后脚距前脚约一脚的距离，两脚的左右距离自然开立，上体前倾，两膝弯曲，两臂一前一后，身体重心主要落在前脚上，保持稳定姿势，集中注意力听枪声。

（2）起跑后的加速跑

起跑后上体保持前倾，脚尖着地，腿的蹬地和前摆以及两臂的摆动都应快速积极，逐渐加大步伐和加快速度，随着加速段的延长，上体逐渐抬起，进入途中跑。加速段距离的长短和速度，应根据个人特点、战术需求和临场情况而定。

3. 途中跑

（1）直道跑技术

跑直道时要求两脚沿平行线跑，抬腿既不靠内也不靠外，正直向前，两脚皆用脚前掌扒地跑。

（2）弯道跑技术

跑弯道时要求左脚前脚掌外侧、右脚前脚掌内侧着地，左腿膝关节外展和右腿膝关节内扣，身体重心向内倾斜协调用力，速度越快倾斜角度越大，右臂的摆幅稍微大于左臂摆幅。

4. 冲刺跑

冲刺跑是临近终点前一段距离的加速跑。主要任务是运用自己的全部力量，克服疲劳，力争在最后阶段跑出好成绩。冲刺跑的技术特点是在加快摆臂速度和加大摆幅的同时配合腿部动作加快频率。冲刺跑的距离根据自己的体力情况、战术要求和临场情况而定。在通过终点时，在接近终点一步前身体躯干前倾，做出撞线动作。

5. 创新的训练方法

（1）"法特莱克"训练法

"法特莱克"训练法，即速度游戏训练法。这种训练法主要选择空气新鲜，地形、地势变化较多，运动员喜欢的自然环境，有意识地采用变速越野游戏的方法，进行不同强度的跑、走交替运动。加速跑的持续时间、休息时间及跑的形式由运动员的自我感觉决定。"法特莱克"训练法的创造和采用，丰富了训练思路和训练手段，不会使运动员很快出现疲劳，又能达到很好的训练效果。

（2）高原训练法

高原训练能提高体内糖代谢的调节能力，对提高耐力大有好处。高原训练法的总的特点是运动员要经受一定的附加刺激（如氧压变化和缺乏氧气等），使机体产生适应性效果。

二、跳跃

田径运动项目中的跳跃项目包括跳高、跳远、三级跳远和撑竿跳高。由于体育科学的发展、场地器材的更新、运动技术的改进和训练方法的合理，跳跃项目成绩得到大幅度提高。跳跃项目有很强的趣味性，很受青少年的欢迎，在国内外都开展得十分广泛。从事跳跃项目的训练和比赛，可以发展速度、力量和灵敏性等身体素质，有助于提高弹跳能力和培养勇敢、果断的性格。

（一）跳远

1. 技术要领

助跑要提高重心，高抬腿，富有弹性，节奏明显，最后几步要有积极向踏板进攻的意识。快速、准确是助跑技术的要点，节奏是完成这一要点的关键。技术动作由助跑、起跳、腾空、落地组成，重点为助跑和腾空步。动作姿势分为蹲踞式、挺身式、走步式。

2. 训练方法

练习1：原地摆臂动作模仿练习。两腿前后站立，起跳腿在前，起跳腿同侧臂以大臂带动小臂由后下方向前上方摆动；摆动腿同侧臂由前下方向后上方摆动。摆动时要做到耸肩带上体，头部正直，眼看前上方。

练习2：原地摆动腿模仿练习。两腿前后站立，起跳腿在前。摆动腿前摆时，大小腿要充分折叠，大腿带髋部向上高摆。踝关节自然放松，脚尖不得超过膝关节。两臂配合摆动。

练习3：原地蹬摆结合练习。摆动腿在前，起跳腿前摆做着地动作。重心前移缓冲，当放脚缓冲后，重心和脚跟的连线垂直地面时，开始做蹬摆动作。摆动腿在蹬的基础上向前上方摆，起跳腿在摆的同时快速蹬伸髋、膝、踝关节。摆动腿可落在适当的台阶上。

练习4：两步助跑起跳练习。两腿前后站立，起跳腿在前，摆动腿向前跑出第一步落地后，积极后蹬推动髋部迅速前移，起跳腿积极放脚起跳。同时，摆动腿积极前上摆，落地时摆动腿先着地。

练习5：短、中距离的助跑成腾空步练习。丈量步点，采用走步丈量法。先确定助跑步数，然后根据助跑步数确定走的步数。走的步数一般为跑的步数乘2减2。例如，8步助跑的步数确定：$8 \times 2 - 2 = 14$（走步）。助跑要做到"三高"：高重心、高频率、高速度。起跳强调一个快字。

练习6：利用俯角跳板或斜坡跑道的短、中程助跑起跳腾空步练习。

3. 创新的训练方法

（1）走步式跳远

走步式跳远是急行跳远的一种腾空技术。在走步式中，起跳后两腿在两臂的配合下，在腾空时采用2步半和3步半两种动作技术。要求在空中做大幅度的前后绕环摆动迈步换腿动作来维持身体的平衡，并与两臂协调配合。落地前，收腹举小腿前伸，上体前倾，两臂同时向下后方摆动。

（2）挺身式跳远

挺身式跳远是技术环节较多的复杂跳远技术动作。快落地时，双脚、双手向身体前方合拢落地。挺身式跳远的练习方法分为五步：①原地模仿挺身式跳远的空中动作。支撑腿为起跳腿，摆动腿屈膝前摆，随即放腿并向右摆，髋部前展，同时两臂配合腿的动作向下侧后方绕摆至侧上方，注意体会放腿与展髋的动作。②起跳腿支撑站立，随口令做摆臂、摆腿、放腿、挺身、展髋的单足立定跳远，着重体会臂和腿的配合动作。③利用弹簧板做短程助跑起跳成腾空步后，下放摆动腿并落在沙坑内，然后跑出，体会摆臂与展体的动作。④利用起跳板做短、中程助跑挺身式跳远，要求摆动腿自然下放，髋部前移，展体挺身，收腹举腿落入沙坑。⑤全程助跑挺身式跳远练习，体会完整的技术动作。

（二）跳高

1. 技术要领

助跑要积极加速，步点准，有弹性，节奏好。后段弧线助跑保持身体向内倾斜。过杆时形成较大背弓，充分利用身体重心腾起的高度和身体各环节之间的补偿作用。技术动作由助跑、起跳、过杆、落地组成。动作姿势分为跨越式、俯卧式、背越式。重点是助跑、起跳的结合，过杆动。

2. 训练方法

练习1：利用跳箱仰卧做背弓成"桥"练习。

练习2：在垫子上原地站立，后倒背弓练习。

练习3：原地双腿跳起做后倒背弓练习。背对海绵包站立，然后双脚跳起，肩后倒挺髋，成背弓仰卧落在垫子上，先不要抬大腿，保持小腿自然下垂姿势。

练习4：原地双脚跳起做背弓过杆练习。背对海绵包站立，背后放一低横杆，屈膝半蹲，两臂在体侧后下方，两臂上摆，提肩提腰，两腿蹬伸跳起，肩后倒挺髋成背弓，小腿自然下垂。下落时，提大腿，甩直小腿。过杆后，以肩背落在海绵包上。

练习5：确定助跑步点，全程助跑起跳练习。

练习6：4步弧线助跑起跳成背弓练习。助跑起跳后，成背弓姿势，落在高于臀部的海绵垫上，小腿放松自然下垂。强调倒肩、放摆动腿的时机。

练习 7：4~6 步助跑起跳过杆练习。

练习 8：逐渐升高横杆高度的全程助跑背越式跳高完整技术练习。

3. 创新的训练方法

（1）背越式跳高训练

背越式是跳高运动中一种最为实用的技术形式，在背越式跳高的过程中，运动员通过助跑能够为起跳积蓄一定的能量，换言之，助跑实质上就是起跳的根本动力，如果缺少了助跑这一环节，运动员很难完成整个背越式跳高的动作。运动员在助跑起跳的过程中，其身体的重心会从助跑的最后一步摆腿支撑开始到起跳蹬地结束，是身体保持一个持续上升的过程。起跳以及预先的准备动作完全都是在助跑的行进中完成的，运动员在助跑过程中为了降低身体的重心往往会选择身体前倾，这样有利于缩短倒数第二步时的摆腿支撑时间，使整个助跑的速度得到最大限度提升，为进一步缩短起跳时间创造有利条件。助跑和起跳过程中身体重心的降低以及起跳过程中摆腿的蹬伸动作能够使速度由水平方向转化为垂直方向，这样便可以使运动员跳得更高。

（2）剪式跳高

剪式跳高又称"东方式跳高"，是急行跳高姿势之一。剪式跳高的训练方法是沿垂直横杆方向或稍偏摆动腿一侧的方向助跑。起跳腾空后，摆动腿上杆，做内旋下压动作，上体侧转并向下运动，使臀部弓起；起跳腿外旋绕过横杆下落，下压的摆动腿向上振起，与起跳腿成剪绞状动作，同时主体与头部越过横杆。

三、投掷

投掷比赛项目有铅球、铁饼、标枪和链球。通过投掷项目的练习可以增强体质，发展躯干和上下肢力量，特别是对增强爆发力量有明显作用。同时，投掷也是人们日常生活、生产劳动所需要的一种最基本的活动能力。

（一）推铅球

推铅球是一个速度力量性项目。投掷原理表明，铅球出手的初速度、出手角度及出手的高度决定了铅球飞行的远度。

推铅球的方法目前主要有背向滑步推铅球法和旋转推铅球法两种。由于旋转推铅球对运动员的技术、身体素质要求较高，故而，大多采用背向滑步推铅球。

完整的背向滑步推铅球技术可分为握球、持球、滑步、转换、最后用力 5 个部分。这 5 部分都要注意维持身体平衡。

1. 握球技术

握球的手五指自然分开，将球放在食指、中指、无名指的指根处，拇指和小指贴在球的两侧，以保持球的稳定。握好球后，将球放在锁骨内端上方，紧贴颈部，掌心向上，右上臂与躯干约呈 90°，躯干与头部保持正直。

2. 滑步技术

完整的滑步技术包括预备姿势、团身、滑步 3 个部分。

（1）预备姿势（以右手为例）

运动员持好球后，背对投掷方向，身体重心落在右脚掌上，左脚置于右脚跟后方 20～30 厘米处，以脚尖点地，帮助维持平衡。上体与头部保持正直，两眼平视，两肩与地面平行。这种预备姿势（常称高姿势）较为自然，有助于集中精神并始滑步。

（2）团身动作

运动员站稳后，从容地向前屈体，待上体屈到快与地面平行时，屈膝下蹲，同时头部和左腿向右腿靠拢，完成团身动作。

（3）滑步动作

滑步由身体重心后移，左腿向投掷方向伸摆开始，经过蹬伸右腿、回收右脚来完成这一动作。滑步技术要点：一是两腿动作顺序为左腿在先，蹬伸右腿在后，最后收回右小腿。二是左腿与躯干的关系是左膝伸开应保持与躯干成一直线，直至最后用力开始。三是处理好铅球的位置。当右膝伸开后，铅球约处在右小腿的二分之一处，外侧的垂直线上。当右腿回收后，铅球约处在右膝上方外侧。

3. 转换技术

转换技术也叫过渡步技术。回收右小腿结束，以脚尖着地，紧接着将左脚插向抵趾板，以脚掌内侧着地。右腿着地时，体重大部分落在右腿上，左腿着地时，身体重心移至两腿之间，在这一过程中，运动员上体和头部姿态没有明显变化。

4. 最后用力

最后用力可分为准备和加速两个部分。

（1）最后用力的准备部分

从左腿落地到身体形成侧弓。在这一过程中，投掷臂尚未给铅球加速，仅是依靠右膝的内压，右腿的转蹬推动骨盆侧移。由于上体不主动抬起，头颈不主动扭转，而使身体左侧保持最大拉紧状态，为最后的加速用力创造有利条件。

（2）最后用力的加速部分

躯干形成侧弓后，在左腿有力的支撑下，利用躯干的反振作用，顺势转肩伸臂完成整个投掷动作。在最后用力过程中，左腿的支撑作用十分重要，它不仅可以提高铅球的出手点，更重要的是可以提高手臂的鞭打速度。左臂通过上、下方位的摆动，可控制胸大肌横向弓展和推球手臂鞭打的距离。

5. 身体平衡

铅球出手后，为了防止犯规，常采用换步和降低身体重心减缓冲力，以维持身体平衡。

6. 创新的训练方法

推铅球创新的训练方法以超等长训练法最具代表性。超等长训练法在推铅球训练中的应用有两个重点：超等长俯卧撑和预抛接球后快速推出。

超等长俯卧撑是指将双手的手指相对，肘关节向外，模仿进行铅球投掷时的动作，用手臂向上撑起身体，双手击掌后落回地面，手臂应缓慢地进入连续的曲臂阶段，对手臂的主动肌进行充分拉长。超等长俯卧撑能够有效地对上肢的肌肉拉伸度进行锻炼，激发上肢的爆发力，对于解决铅球投掷中容易出现的掉肘的错误动作有很好的锻炼效果，能够增加手指和手腕的力量和锻炼运动员的推拨动作。

预抛接球后快速推出是指身体采取正面或者侧面站立，投掷臂在进行肩上预抛接球之后迅速地推球。这种训练方法的原理是，抛球后预接推动，能够使得身体形成一个反弓形，形成力量的积蓄，使得相关的肌肉得到一定的拉伸，存储一定的拉伸势能，在第二次推球用力时储备强大的爆发力。抛球和接球的过程中，右肩低于左肩，头部向右旋转，身体左侧肌肉群被拉伸，处于最大的拉伸状态，加长了推手臂的鞭打距离，为铅球抛出的最后爆发力提供基础。

（二）掷铁饼

掷铁饼是奥运会和世界田径锦标赛的一项比赛项目。比赛时，投掷者一手持铁饼，在投掷圈内通过旋转动作将铁饼掷出尽可能远的距离。正式比赛中男子项目的铁饼重量为 2 公斤，女子项目的铁饼重量为 1 公斤；投掷圈内圈直径为 2.50 米，有效区角度为 40°。从技术结构上讲，完整的掷铁饼过程可以分为握法、预备姿势、预摆旋转、最后用力和铁饼掷出后的身体平衡五个部分。

1. 技术和要领

（1）握法

五指自然分开，拇指和手掌平靠铁饼，其余四指的最末指节扣住铁饼边沿，铁饼的重心在食指和中指之间，手腕微屈，铁饼的上沿靠在前臂上，持饼臂自然下垂于体侧。

（2）预备姿势和预摆

预备姿势要背对投掷方向，两脚左右开立约一肩半，站于圈内靠后沿处的投掷中线两侧。两脚平行开立或左脚稍后，持饼臂自然下垂于体侧，眼平视。

预摆是为了获得预先速度，为旋转创造有利条件。目前常见的预摆有两种：左上右后摆饼法和身体前后摆饼法。

一是左上右后摆饼法。开始时，持饼臂在体侧前后自然摆动，当铁饼摆到体后时，体重靠近右腿，接着以躯干带动持饼臂向左上方摆起；当铁饼摆到左上方时，左手在下托饼，体重靠近左腿，上体稍左转。回摆时，躯干带动持饼臂将铁饼摆到身体右后方，身体向右扭紧，体重处于右腿上，上体稍前倾，左臂自然微屈于胸前，眼平视，头随上体的转动而转动。二是身体前后摆饼法。开始时，持饼臂在体侧前后自然摆动，当铁饼摆向体前左方时，手掌逐渐向上翻转，右肩稍前倾，体重靠近左腿。铁饼回摆到体后时，手掌逐渐翻转向下，体重由左向右移动，上体向右后方充分转动，使身体扭转拉紧。这种方法动作放松，幅度大，目前大多数优秀选手都采用这一方法。

（3）旋转

预摆结束后，弯曲的右腿蹬地，上体向左转动，同时左膝外展，体重由右脚向边屈边转的左腿移动；接着两腿积极转动，并以左脚前脚掌为轴向投掷方向转动，身体向投掷方向倾斜，投掷臂在身后放松牵引铁饼。当左膝、左肩和头即将转向投掷方向时，右膝自然弯曲，以大腿发力带动整个腿绕左腿向投掷方向转扣（右脚离地不能过高），这时左髋低于右髋，身体成左侧单腿支撑旋转，接着以左脚蹬地的力量推动身体向投掷圈的中心移动，右腿、右髋继续转扣。当左脚蹬离地面时，右腿带动右髋快速内转下压，左腿屈膝迅速向右腿靠拢，左肩内扣，上体收腹稍前倾。接着左脚积极后摆，以脚掌的内侧着地，落在投掷圈中线左侧、圆圈前沿稍后的地方，身体处于最大限度的扭转拉紧状态，铁饼远远留在右后方，左臂自然微屈于胸前，为最后用力做好准备。

（4）最后用力和身体平衡

当左脚着地时，右脚继续蹬转，使右髋积极向投掷方向转动和前送。接着头向投掷方向转动，左臂微屈于胸前，胸部开始向前挺出，体重逐渐移向左腿。当体重移向左腿时，右腿继续蹬伸用力，以爆发式快速用力向前挺胸挥饼。与此同时，左腿迅速用力蹬伸，左肩制动，成左侧支撑，使身体右侧迅速向前转动，将全身的力量集中在铁饼上，当铁饼挥至右肩同高并稍前时，使小指到食指依次用力拨饼出手，使铁饼顺时针方向转动向前飞行。

铁饼出手后，应及时交换两腿，身体顺惯性左转，同时降低身体重心，维持身体平衡。

2. 错误及纠正方法

（1）双腿支撑起动进入单腿支撑旋转阶段，身体失去平衡

产生原因在于进入旋转时上体过早倒向圆心；身体还没有形成左侧支撑转动轴时左肩和上体过早倒向圆心。

纠正方法有两种：一是徒手双支撑进入单支撑的模仿练习，体会身体由右向左向圆心转动的路线及单支撑时身体的平衡感觉；二是徒手或持辅助器械做旋转至双脚着地成用力姿势的练习，重点体会双支撑进入单支撑身体平稳地转动与向前的结合。

（2）双腿支撑进入单腿支撑旋转阶段，上下肢的动作结构不合理

产生原因在于左肩和左臂过早打开并过早向圆心方向摆动，使上体突然加速，破坏了上下肢的合理动作结构。

纠正方法有两种：一是徒手做开始起转练习，强调下肢的积极主动转动，特别是左腿的屈膝转动；二是徒手旋转至双腿支撑用力前姿势，重点体会左肩和左臂向圆心做弧形摆动的路线，使左肩、左臂与左腿和左膝形成一体转动。

（3）旋转后两脚落地的位置过于偏左或偏右

产生原因在于起转时，左脚转动的方向没有到位，右脚弧形摆动转髋的方向控制不准确。

纠正时要多做开始起转的练习，重点要求两腿支撑转动的程度和右腿弧形摆动与左腿支撑转蹬的配合。

（4）旋转后用力前，上体过早抬起使身体重心前移

产生原因在于对最后用力技术概念不清楚，上体发力时间过早，同时身体素质较差，特别是腿部和腰背腹肌力量差。

纠正方法有两种：一是明确技术概念，多做徒手或持辅助器械旋转至用力前的姿势，强调旋转过程中始终保持半蹲收腹扭转；二是发展腿部和腰背腹肌力量。

（5）旋转后用力前，髋轴与肩轴没有形成扭转拉紧的最后用力姿势

产生原因是旋转后没有控制好上体的继续旋转和有意识留住持饼臂，使饼过早前摆；下肢转动不积极。

纠正要在教师的帮助下，做徒手旋转练习，要求学生适当控制上体，让学生体会旋转过程中下肢积极主动，特别是单腿支撑的转动，要求前脚掌支撑转动，不能用全脚掌着地，并且体会上体被动放松，投掷臂留在身后的肌肉感觉，并指出旋转后、用力前铁饼所在的位置。

（6）旋转至右脚着地成单支撑阶段明显停顿或转不起来

产生原因有：一是右腿摆动右髋转扣时左腿蹬地力量不够，使重心没有移到右脚的支撑点上方。二是右腿弧形摆动与左腿转蹬过于向上，形成跳起过高，重心起伏较大，易使落地形成制动，从而造成旋转动作停顿。三是右脚落地是用全脚掌着地。

纠正方法有两种：一是多做开始起转腾空后衔接单支撑的转动练习。要求低平摆动，防止高跳。二是多做单支撑转动的专门练习，要求学生掌握单支撑转动阶段合理的身体结构，特别是重心、转动轴和左腿的积极后摆，体会单支撑转动的肌肉感觉。

（7）最后用力上体过早发力，没有发挥下肢转动用力的能力

产生原因在于右腿右髋转动用力技术不熟练，上体和手臂用力时机掌握不好。

纠正方法有三种：一是双人对抗练习，使学生体会右腿右髋主动用力的肌肉感觉。二是练习原地投，强调由下而上的用力顺序。三是投掷

辅助器械，强调最后用力时前半部分下肢的积极用力作用与后半部分上体爆发式用力的配合动作感觉。

（8）最后用力向前不够

产生原因在于最后用力两脚开立距离过小，同时右腿右髋转蹬前送不够，没有形成良好的左侧支撑用力。

纠正方法：徒手或持木棒做打树叶练习。要求：一是两脚开立宽于肩；二是右腿右髋转动中推动身体重量靠近支撑的左腿；三是手或木棒接触树叶的那一点即出手点；四是胸带臂向前平打，不要提肩。

（9）最后用力向左侧倒

产生原因在于左侧支撑用力意识差，左肩没有制动动作。

纠正方法有两种：一是徒手或持辅助器械做最后用力模仿练习，重点强调左腿的支撑用力动作和左肩的制动动作。二是初学者要求以"支撑投"动作类型为主，强调发挥支撑转动用力的作用。

以上各项是训练时常见的易犯错误动作，由此而派生的错误动作多种多样，教师纠正时首先要分析错误产生的原因，根据学生的具体情况和教学条件，采用适宜的纠正手段。一般应让学生明确该环节技术的概念，采用单个的、局部动作的专门练习体会肌肉感觉，再要求在完整技术中能做出正确的动作，反复练习，达到改进动作的目的。

3. 创新的训练方法

目前，数字铁饼已经成为掷铁饼项目中的创新训练方法。由于数字铁饼规格符合国际田联对男子用铁饼的标准，因而可以作为运动员实际训练用饼，在正常训练的同时，采集运动员投掷中铁饼的加速度和角速度信息。数字铁饼能够提供铁饼投掷过程中的加速度和角速度信息，这些信息能够直接对运动员的训练提供帮助。

数字铁饼的整体结构：数字铁饼通过螺丝将上下壳联结，构成一个整体，功能电路与下壳固定连在一起，上下壳之间在适当位置放置质量补偿块和弹性体材料，减小数字铁饼在触地时的冲击对内部结构的损伤。

现在运动员采用的比较常见的是背向旋转投掷技术，数字铁饼把每次运动员投掷中铁饼的运动学数据都存储在饼体内的存储器中，训练测试完毕后，由上位机通过 USB 接口读取铁饼的运动学信息，并按一定格式保存，上位机可以通过专门软件对这些数据进行分析。

第三节　球类运动与训练

球类运动是世界最流行的运动之一。本节主要对足球、篮球、乒乓球、羽毛球进行详细阐述。

一、足球

现代足球起源于英国，是当今世界上最有影响、开展最广泛的一项运动，被誉为"世界第一运动"。足球运动是以脚支配球为主体，在踢、运、停、顶、守门等基本技术的基础上两队互攻、对抗，是以射门为目标，以射入球多少判定胜负的球类运动。足球运动的激烈对抗性有利于培养队员的顽强拼搏精神、团队精神和意志品质，以及全面改善和增强身体素质。

（一）技术

足球的基本技术分为控球、踢球、运球、接球、头顶球、抢截球、掷界外球和守门员技术八种。

1. 控球

控球是持球队员以脚的各个部位，通过拖、拨、扣、颠、推、挑等动作，将球置于自身控制范围之内的技术。

（1）拖球

拖球是脚底触球的上部，将球由前向后或由左（右）向右（左）进行拖拉的动作。当拖球到位后，一般均以脚内侧做挡球动作，然后进入下一动作。

（2）拨球

拨球是持球队员用脚腕抖拨的动作，以脚背内侧或脚背外侧触球，使球向侧方或侧后（前）方滚动。拨球根据脚触球部位的不同分"内拨"和"外拨"两种。运用脚背内侧拨球称为"内拨"，以脚背外侧拨球称为"外拨"。

（3）扣球

扣球是持球队员快速转身变向，用踝关节急转压扣的动作，以脚背内侧或脚背外侧触球，将球迅速停住或转变球滚动的方向。用脚背内侧扣球的动作称为"内扣"，用脚背外侧扣球的动作称为"外扣"。扣球动作改变方向后，用推拨动作突然加速越过对手。

（4）颠球

颠球是持球队员用身体各有效部位连续击球，并尽量不使球落地的技术动作。经常练习颠球动作能有效地促进人体对球的各种特性（弹性、重量、旋转等）的熟练程度，同时加深练习者对触球部位击球力量的感觉。颠球的部位包括脚背、脚内侧、脚外侧、大腿、头部、胸部、肩部等。

2. 踢球

踢球是有目的地把球传给同伴或射门，是完成战术配合的主要手段，同时也是足球基本技术中的主要技术。踢球的方法有很多，包括脚内侧踢球、脚背正面踢球、脚背内侧踢球等。

（1）脚内侧踢球

动作要点：①直线助跑，最后一步步幅稍大，支撑脚踏在球侧12～15厘米处，膝关节微屈，脚尖正对出球方向。②踢球脚屈膝外展，脚底与地面平行，脚尖微上翘。③小腿加速前摆，用脚内侧部位击球的中后部，用推送或敲击的踢法将球击出。

（2）脚背正面踢球

动作要点：①直线助跑，最后一步步幅稍大，支撑脚积极着地，踏于球侧约 10～12 厘米处，膝关节微屈，脚尖正对出球方向。②踢球腿以髋关节为轴，大腿带动小腿由后向前摆动击球一刹那，脚面绷紧，脚背绷直。③小腿加速前摆，以脚背正面部位击球的后中部。④击球后，身体及踢球腿随球前移。

（3）脚背内侧踢球

动作要点：①斜线助跑，与出球方向约成 45°角，最后一步略大，支撑脚外沿积极着地，踏于球的侧后方约 20～25 厘米处，膝关节微屈，脚尖指向出球方。②身体稍向支撑方一侧倾斜，踢球腿以髋关节为轴，大腿带动小腿向前摆，大腿摆至与支撑腿接近同一平面时，小腿加速做"鞭打"动作。③踢球腿击球时，脚尖稍外转指向地面，脚趾紧扣，脚背绷直，脚跟提起。④以大腿带动小腿加速前摆，根据传球的目的，击球的后中部或中下部，传出的球会出现高、中、低不同的效果，击球后继续随球前移。

3. 运球

运球技术是指持球队员在跑动过程中有目的地用脚的某一部位推拨球，使球保持在自己控制范围内的连续触球动作。运球技术包括运球和运球突破，常用的运球方法有正脚背面运球、脚背内侧运球、脚背外侧及脚内侧运球等。

（1）脚背外侧运球

动作要点：①持球队员身体自然放松，上体稍前倾，双臂自然摆动，步幅中小。②运球时膝关节弯曲，提起脚跟。③脚尖内扣，用脚背外侧推拨球的后中部。

（2）脚背内侧运球

动作要点：①持球队员身体自然放松，上体前倾并向运球方向转动，步幅小，双臂自然摆动。②运球时膝关节稍弯曲，脚跟提起。③脚尖稍向外转，在迈步前冲着地前，用脚背内侧推拨球。

4. 接球

接球是队员有意识、有目的地利用身体的合理部位，把运行中的来球停挡在自身控制范围之内的技术。一般常用的接球方法有：脚内侧接球、脚底接球、胸部接球等。但不管采用何种接球方法，都应包括判断球速、落点、接球及接球后控球四个过程。接球形式包括接地滚球、空中球和反弹球 3 种。

（1）脚内侧接球

接地滚球动作要点：①支撑脚正对来球，膝关节微屈。②接球脚屈膝外转，脚尖稍翘起主动前迎来球。③球接触脚内侧一刹那，接球脚后撤缓冲，把球控制在便于衔接下一个动作处。

接反弹球的动作要点：①支撑脚踏在球的落点侧前方，屈膝上体稍前倾。②接球脚放松提起，用脚内侧对准球的反弹角度。③当球反弹刚离地时，用脚内侧部位推压球的中上部。

接空中球的动作要点：①根据来球的高度，接球脚举起前迎，对准来球路线。②当球与脚内侧接触瞬间，后撤缓冲。③把球控制在有利于衔接下一个动作的位置。

（2）脚底接球

脚底接球包括接地滚球和接反弹球两种技术。

接地滚球动作要点：①支撑脚踏于球的侧后方，屈膝脚尖正对来球。②接球脚提起，自然屈膝，脚尖上翘高于脚跟，踝关节放松。③用脚掌前部触球的中上部。

接反弹球的动作要点：①支撑脚踏在球落点的侧后方，对准来球反弹角。②当球着地瞬间，用脚掌前部对准球的反弹路线，推压球的中上部。

（3）胸部接球

胸部接球是利用胸部接球的一种技术动作。其特点是面积大，有弹性，争取接球时间，易于掌握。胸部接球分挺胸式和收胸式两种方法。

挺胸式接球动作要点：①面对来球，双臂自然张开，两脚分开微屈膝，重心落于两脚之间。②当胸部与球接触前瞬间，两脚蹬地，胸部稍上挺，收腹，上体后仰缓冲来球力量。③以胸部触击球后，使球落于自己能控制的范围。

收胸式接球动作要点：①面对来球，两脚开立，双臂自然张开，挺胸迎球。②当球与胸部接触前瞬间收胸、收腹，同时臂部后移，使来球缓冲。③以胸部接球后，使球落于自己能控制的范围。

（4）大腿接球

动作要点：①大腿与球接触的刹那，迅速撤引缓冲；②以大腿中部接触下落的球，使球落于有助于衔接下一个动作的位置处。

5. 头顶球

头顶球作为争取时间、争夺空间的有效手段，在比赛中被广泛使用，它是指队员有意识、有目的地用前额正面或侧面将球击向预定目标的动作。

（1）原地前额正面头顶球

动作要点：①身体正对、两眼注视来球，两脚前后开立，微屈膝，上体后仰展腹，重心落于后脚，双臂自然张开。②球运行至身体垂直上方时，后脚用力蹬地，收腹，快速向前屈体，重心由后脚移向前脚。③击球时，颈部肌肉紧张，用前额正面顶球的后中部，上体随球前摆。

（2）跳起前额正面头顶球

动作要点：①原地起跳时，双脚用力蹬地，两臂屈，上摆自然张开，身体在上升中，上体后仰展腹成反弓形，注视来球。②球运行至身体垂直上方时收腹，上体快速前摆，颈部紧张。③用前额正面把球顶出，随后屈膝缓冲落地。

6. 抢截球

抢截球是转守为攻的积极手段，是防守技术的综合体现。抢截球包括抢球和截球。

抢球是指在足球规则允许的条件和动作下，把对手控制的或将要控制的球抢夺过来或破坏掉。

截球是指将对手相互间传出的球堵截或破坏掉。

（1）正面跨步抢截球

动作要点：①两脚前后开立，膝微屈，身体重心下降并落于两脚间。②当对手脚触球后，脚即将落地或刚落地瞬间，抢球者后脚用力蹬地，抢球脚以脚内侧堵截球，当球被堵时，另一脚快速跟上。③如双方同时触球，则抢球脚顺势向上提拉，使球从对手脚背滚过，并身体重心迅速跟上，控制球。

（2）侧面合理冲撞抢球

动作要点：①当防守队员与对手并肩跑动追球时，身体重心下降。②用靠近对手方一侧的手臂，以肩部以下肘以上的部分贴紧自己身体去冲撞对手相同部位。③使对手失去平衡而失去球的控制，乘机把球夺下。

7. 掷界外球

掷界外球是指在比赛中越出边线的球，按足球竞赛规则规定，用手将球掷入场内恢复比赛的一项技术。掷界外球有原地掷界外球和助跑掷界外球两种方法。

（1）原地掷界外球

动作要点：①面向比赛场地，双手持球于头后。②把球从头后经头顶用连贯的动作把球掷入场内。③球掷出后，双脚均不得全部离地和踏进场内。

（2）助跑掷界外球

动作要点：①助跑时双手持球于胸前，助跑距离不宜太长。②掷球的动作与原地掷界外球相同。

（二）训练

1. 比赛阵形

比赛阵形是比赛场上队员的位置排列、攻守力量搭配和职责分工的形式。阵形人数排列一般是从后卫排向前锋，根据队员排列层次分成后卫线、前卫线、前锋线。守门员职责固定，一般不予计算。常见的比赛阵形有"4－3－3""4－4－2""3－5－2""4－5－1"等。

（1）"4－3－3"阵形的特点

在这个阵形中，把三个前锋放在前锋线上，中场也设立了三名球员，不但加强了防守能力，还使进攻的方式变得更加灵活。一般来说，此阵形中的后卫可分为两个中后卫，两个边后卫，使得防守更加有层次，更加有立体性。前卫可分为一前二后或二前一后，不管哪种安排，中场都必须起到一个攻守的枢纽作用；边前卫主要负责加强进攻，中前卫主要负责组织进攻和参与防守。前锋也可分为中锋和边锋两种：边锋主要通过运球突破对方防守、射门或传中，同时要负起门前强点射门的任务；中锋是锋线的尖刀，主要是突破、抢点和射门。

（2）"4－4－2"阵形的特点

此阵形和"4－3－3"阵形最大的区别就是把一个前锋队员放到了中场，加强了防守的能力。后防的位置和任务基本和"4－3－3"一样。中场有4名队员，有利于防守，同时也有利于夺取中场的优势和主动权。前锋的要求是突破能力强，善于把握破门的机会。整个队员的分布虽然是攻少守多，但是可以通过合理有序的组织，保证比赛中攻守力量的平衡。

（3）"3－5－2"阵形的特点

此阵形最明显的特点是中场人数多，力量强大，有利于控制中场主动权，有效地阻止对方的进攻，减轻后场的防守压力；后卫线的3名队员大胆地紧迫盯人，相互保护补位；中场队员插上进攻的点多，而且隐蔽性较强。

（4）"4－5－1"阵形的特点

此阵形是一个相对侧重于防守的阵形。后卫线的4名队员主要的力量用于防守，并协助控制中场和组织进攻；中场人数多，力量大，能够很好地控制中场的主动权，减轻后场的防守压力；前锋线上只有1名队员，进攻的力量相对薄弱，不过从防守反击战术来说，也有它的优势所在。

2．进攻战术

（1）个人进攻战术

个人进攻战术是队员在比赛中，为了战胜对手，完成整体进攻任务而采取的个人行动。它包括摆脱与跑位、传球、射门等。

第一，摆脱与跑位。每当队员得球，都要发动进攻，同队队员要迅速摆脱对手，造成空当，给有球同伴创造多条传球路线，更好地进攻。摆脱对手，可采用突然启动、冲刺跑、急停、突然变向、变速和假动作等。跑位就是有目的地跑向有利位置或空当。跑位能使自己在短时间内摆脱对手接球，推进进攻。

第二，传球。传球是配合的基础，是完成战术配合创造射门机会的主要手段。选择目标、把握时机、控制力量与方向是传好球的重要环节。

第三，射门。射门是一切战术配合的最终目的。准确、有力地射门往往使守门员猝不及防而失球。

（2）局部进攻战术

局部进攻战术是指进攻中两队或几个队员之间的配合方法。它是集体配合的基础，配合形式有"二过一"配合、传切配合、三人配合等。局部进攻战术通常以"二过一"配合为基础。"二过一"配合是在局部地区两个进攻队员通过两次以上的连续传球配合，越过一个防守队员的配合行动。"二过一"配合包括"斜传直插二过一""直传斜插二过一""回传反切二过一"，以及"踢墙式二过一""交叉掩护二过一"。

（3）整体进攻战术

阵地进攻主要采用边路传中、中路渗透、中路转移。边路传中是指在对方半场两侧地区发动的进攻，通过传中来创造射门机会。此方法是针对对方边路防守人数较少、空间较大的缺点，突破防线，然后传中，由中路或异侧的同伴包抄完成射门。中路渗透一般有后场发动进攻、中路发动进攻、前场发动进攻三种形式。中路转移是针对在比赛中，中路聚集着双方较多的队员，中路渗透不能奏效的情况，将球从中路转移到边路以分散防守力量，然后再从边路突破或者传中的一种进攻战术。

快速进攻是非常有效的一种进攻战术。主要特点就是由守转攻时对方的防守还不是很到位，通过最简单的快速传递配合来创造射门机会。一是守门员获得对方射门的球时，守门员快速地踢球或手抛球发动进攻；二是在中前场抢截到对手的球时马上快速发动进攻；三是在中后场获得任意球时，快速发球也能形成快攻机会。

3. 防守战术

（1）基础战术

第一，选位和盯人。它是防守战术的基础。防守队员站位时一般应处于对手与本方球门中心所构成的一条直线上。一般情况下，对对方有球队员以及可能接球的队员要紧迫盯人；对离球远的对手可采用松动盯人。

第二，局部防守配合。保护和补位是局部地区集体防守的基础，队员之间应保持适当的斜线站位。当一侧被突破时，另一个应立即补位，被补位队员迅速回到补位队员的位置。

（2）全队战术

第一，人盯人防守。除拖后中卫外，每个队员都要盯住一个指定对手。原则上对手跑到哪里就盯到哪里，拖后中卫进行区域防守，执行补位的任务。

第二，区域盯人防守。每个队员在自己防守的区域内进行盯人防守，无论哪个对手进入自己的防区就盯住他，一般不越区盯人，拖后中卫执行补位的任务。

第三，混合防守。混合防守是现代足球用得较多的一种防守方法，就是把人盯人防守和区域盯人防守结合起来。一般拖后中卫执行补位，另外三个后卫盯人，前卫和前锋区域盯人。

第四，全攻全守。在防守时，每个队员都有防守任务。防守的关键是：场上队员要做到延缓对方进攻；快速回防到位，保持防守层次，紧迫盯人，严密守住球门前 30 米区域。在现今的比赛中全队的防守方法一般有三种。第一种是在进攻丢球后立即就地抢截；第二种是在进攻中丢球后，前锋队员在前场封抢，其他队员立即退回本方半场防区进行防守抢截；第三种是在进攻失误丢球后，全队退至禁区前组织密集防守，阻击对方的进攻。

4. 创新的训练方法

（1）街头训练法

街头训练通过增加球员的触球次数和足球练习时间调动球员的积极性和热情，进而提高球员的技术能力、对抗能力、对抗中的技术运用能力、即兴发挥能力和创造力等。

在街头训练中，球员要综合发展，适应不同的位置，进而提升其阅读比赛的能力。传统训练的缺点是一名球员从小就被固定在一个位置，长此以往，防守队员不会进攻，进攻队员不会防守，街头足球不限规则和形式，球员自由组合，恰恰可以弥补这个问题。

（2）多球训练法

多球训练法训练学生脚内侧运球能力。在训练时，将学员进行分组，以 20 米为单位，每个小组的学员依次进行运球练习，在带球到达终点时，再用脚内侧将另一球运转折返，循环往复，每一个人大概连续进行 10 个球的运球练习。当一名学员完成以后，便轮换至另一学员，教练在旁轮流进行纠错指导。学员对运球过程中出现的错误进行改正，接着反复进行高密度练习，自身肌肉记忆容量也会得到提升，脚内侧运球的技术动作便会定型，教练的训练也会得到事半功倍的成效。

二、篮球

篮球运动是将球投入对方球篮、以得分多少决胜负的集体球类运动项目，是最受人们喜爱的球类运动项目之一。

（一）技术

篮球技术是队员在比赛中以攻守为目的所运用的各种专门动作的总称，是队员进行比赛的主要手段。基础阶段基本技术掌握得好坏，直接影响着队员高难度动作的掌握和篮球水平的提高。因此在开始阶段练好基本技术，对在今后比赛中取胜有着重要的意义。

1. 移动技术

（1）起动

从基本站立姿势开始，向前起动时以后脚或异侧脚（向侧起动）前脚掌短促有力地蹬地，同时上体迅速前倾或侧转，向跑动方向移动重心，手臂协调摆动，充分利用蹬地的反作用力，迅速向跑动方向迈出。

动作要点：移重心，起动后的前两三步前脚掌蹬地要短促有力。

（2）变向跑

变向跑是队员在跑动中利用方向的变化完成攻守任务的一种方法。从右向左变向时，最后一步用右脚前脚掌内侧用力蹬地，同时脚尖稍加内扣，迅速屈膝降重心，腰部随之左转，上体向左前倾，移动重心，左脚向左前方跨出，蹬地脚及时跟上。

动作要点：变方向的瞬间屈膝降重心、移重心，异侧脚前脚掌内侧迅速蹬地，同侧脚迅速跨出，蹬地脚及时跟上。

（3）侧身跑

侧身跑是队员在向前跑动中为观察场上情况，侧转上体进行攻守动作的一种方法。队员在向前跑动时，头部与上体侧转向球的方向，脚尖正对跑动的前进方向，内侧腿深屈，外侧脚用力蹬地。

动作要点：面向球转体，切入方向的内侧腿深屈，外侧脚用力蹬地，重心内倾。

（4）急停

第一，跨步急停。急停时向前跨出一大步，腿微弯曲，脚跟先着地，同时上体稍后仰，重心后移，上第2步时重心下降，用脚掌内侧蹬地，停后重心移至两脚上。

动作要点：第1步要大，第2步要跟得快，脚前掌内侧用力蹬地。

第二，跳步急停。移动中用单脚或双脚起跳，上体稍后仰，落地时全脚掌着地，两腿弯曲，两臂屈肘微张，以保持身体平衡。

动作要点：重心放在两脚之间，两腿弯曲，两臂屈肘在体侧，保持平衡。

（5）滑步

滑步是防守移动的一种主要方法，可分为侧滑步、前滑步和后滑步。以侧滑步为例：滑步前，两脚左右开立约与肩同宽，膝微屈，上体稍前倾，两臂侧伸，目平视。向左滑步时，右脚前脚掌内侧用力蹬地，左脚同时向左跨出，在落地的同时，右脚迅速随同滑行，然后重复上述动作，滑步时身体要保持平稳。

动作要点：重心平稳，移动时做到异侧脚先蹬，同侧脚同时跨出，异侧脚再跟上。

2. 传球技术

传球是篮球比赛中进攻队员之间有目的地转移球的方法。它是场上队员之间相互联系和组织进攻的纽带，是实现战术配合的具体手段。

（1）双手胸前传球

两手手指自然分开，拇指相对成八字形，用指根以上的部位持球，手心空出，屈肘持球于胸前。传球时，后脚蹬地重心前移，同时前臂迅速向传球方向伸出。拇指用力下压，手腕前屈，中、食指用力拨球将球传出。

动作要点：蹬地，展体，伸臂，扣腕，手腕急促地由下而上、由内向外翻，同时拇指下压，中、食指用力拨球。

（2）单手肩上传球

以右手传球为例。双手持球于胸前，两脚平行开立。传球时，左脚向传球方向迈出半步，同时将球引至右肩上方，肘外展，右手托球，左肩侧对传球方向，重心落在右脚上，右脚蹬地，身体向传球方向转动，以大臂带动小臂，肘关节领先，前臂迅速向前挥摆，手腕前屈，通过食指和中指拨球将球传出。球出手后，重心前移，右脚向前迈出半步，保持基本站立姿势。

动作要点：转体挥臂，扣腕，自下而上发力。

3. 运球技术

运球是一项重要的进攻技术，是控制球、组织战术配合及突破防守的重要手段。

（1）高运球

运球时，两腿微屈，目平视，运球手用力向前下方推压球，球的落点在身体的侧前方，使球反弹起的高度在腰腹之间，手脚配合协调，使球有节奏地向前运行。

（2）低运球

两脚前后开立，两腿弯曲，重心下降，上体前倾，用远离防守队员的手用力向下短促地推压球，使球从地面向上反弹起的高度在膝部以下。

动作要点：大小臂的发力要协调，手腕的用力要柔和，控制好球的反弹高度。

（3）运球急停

在快速运球中，突然急停时，手拍按球的前上方。运球疾起时，要迅速起动，拍按球的后上方，要注意用身体和腿保护球。

动作要点：运球急停急起时，要停得稳，起得快。

（4）转身运球

以右手运球为例。变向时，右脚在前为轴，做后转身的同时，右手将球拉至身体的左侧前方，然后换手运球加速前进。

动作要点：运球转身时要降低重心，拉球动作和转身动作要连贯一致。

（5）背后运球

以右手运球为例。向左侧变向时，右脚在前，右手将球拉到右侧身后，迅速转腕拍按球的右后方；将球从身后拍按至身体的左侧前方，然后左手接着运球，左脚向前加速前进。

动作要点：右手将球拉至右侧身后时，要以肩关节为轴，并迅速转腕拍按球的后上方。

4．突破技术

持球突破是持球队员运用脚步动作和运球技术快速超越对手的一项攻击性技术。

（1）交叉步突破

以右脚做中枢脚为例。两脚左右开立，两膝微屈，降低身体重心，持球于胸腹之间。突破时，左脚前脚掌内侧用力蹬地，上体稍右转，左肩向前下压，重心移向右前方，左脚向右侧前方跨出，将球引于右侧，右手运球，中枢脚蹬地向前跨出，迅速超越对手。

（2）顺步突破

准备姿势和突破前的动作要求与交叉步相同。突破时，右脚向右前方跨出一步，向右转体探肩，重心前移，右手将球运在右脚的外侧，左脚迅速蹬地，向右前方跨出，突破防守。

5．抢断技术

抢断技术包括抢球、打球、断球，这些是防守中具有攻击性的技术，它是积极的防御思想在防守过程中的体现，是积极防守战术的基础。

（1）抢球

抢球动作可分为两种。一种是转抢，防守队员抓住球的同时，迅速利用手臂后拉和两手转动的力量，将球从对方手中抢过来。另一种是拉抢，防守队员看准对手的持球空隙部位，迅速用两手抓住球后突然猛拉，将球抢过来。

动作要点：判断准确，下手及时。

（2）打球

打持球队员手中的球时，要根据持球的部位采用不同的动作。队员持球高时，打球时掌心向上，用手指和手掌打球的下部；队员持球低时，打球时掌心向下，用手指和手掌打球的上部。

动作要点：打球时动作要小而快，切记不要过大、过猛。

（3）断球

断球方法分两种，一是横断球，二是纵断球。横断球时，降低身体重心，当球由传球队员传出时，单脚（或双脚）用力蹬地，突然跃出（两臂前伸将球断掉）。纵断球时，当防守队员从接球队员的右侧向前断球时，右脚先向右侧前方跨出半步，然后侧身跨左脚绕过对方，左脚（或双脚）用力蹬地向前跃出，两臂前伸将球断掉。

动作要点：掌握断球时机，动作快速突然。

6. 抢篮板球技术

比赛中，双方队员在空中争抢投篮未中，从篮板或篮圈反弹出的球统称为抢篮板球。抢篮板球技术又分为抢进攻篮板球和抢防守篮板球。抢篮板球技术由抢占位置、起跳动作、抢球动作等组成。

（1）抢占位置

无论是进攻队员或防守队员，在抢篮板球时，应根据对手和投篮队员所处的位置，判断球的反弹方向，运用快速的脚步移动，抢占在对手与球篮之间靠内线的位置，力争将对手挡在自己的身后。

动作要点：判断准确，移动及时，抢位得当。

（2）起跳动作

两腿屈膝，重心降低，上体稍前倾，两臂稍屈，举于体侧。起跳时，两脚用力蹬地，两臂上摆，手臂向上伸展，腹、腰协调用力。防守队员一般多采用转身跨步起跳，进攻队员则多采用助跑单脚起跳或跨步双脚起跳。

动作要点：起跳迅速，时机掌握好。

（3）抢篮板动作

双手抢篮板球时，两臂用力伸向球反弹的方向。身体和手达到最高点时，双手将球握紧，腰腹用力，迅速屈臂将球下拉置于身前。单手抢篮板球时，身体在空中要充分伸展，达到最高点时，手臂要伸直，指端触球，用力屈腕、屈指、屈臂拉球于胸前，另一手护球。当遇到对方身材比较高，不能直接得到球时，可用手指点拨的方法，将球点拨给同伴或点拨到自己便于接球的位置。

动作要点：抢到球时，要迅速持球到有利位置，并加以保护或采用下一个进攻动作。

（二）训练

1．组织战术

根据战略指导思想、技术风格和本队的具体条件确定适合本队的情况的战术。应贯彻"积极、主动、勇猛顽强、快速、灵活、全面准确"的技术风格。组织进攻战术要做到两方面。第一，组织快攻要体现快速、灵活的风格，并具有本队的特点。第二，组织阵地进攻要坚持"点面结合""内外结合""左右结合""主攻与辅攻结合""组织抢进攻篮板球与退守结合"，组织好战术配合的连续性、队员之间配合的协调性以及队员在场上行动的统一性，充分发挥每个队员的攻击性。

2．组织防守战术

组织防守战术要贯彻攻势防守的原则。重视由攻势转守势的意识和速度，确定各种防守的固定队形和不固定队形，确定由攻转守时的紧盯、找人和封堵的分工、边堵边退的配合以及分布阵等，贯彻以集中优势兵力打歼灭战的原则。组织夹击，回防区域，积极抢、打、断和堵防、补防的结合，组织内外线防守力量和防守重点队员的分配，积极组织拼抢守篮板球，积极反攻。

3．篮球战术配合

战术配合是两三人之间协同动作组成的简单配合。

（1）进攻战术基础配合

第一，传切配合。传切配合是两三名队员利用传球和切入组成的简单配合。

传切配合的要点：①合理选择进攻位置，队形要拉开，按战术路线跑动；②持球队员运用投篮和突破等假动作吸引对手，以便及时把球传给切入的伙伴；③切入的队员要先靠近对手，然后突然快速侧身跑，摆脱对手向篮下切入，随时注意接球进攻。

第二，掩护配合。掩护配合是进攻队员选择正确的位置，运用合理的技术，以身体挡住同伴的防守队员的移动路线，给同伴创造摆脱防守、获得进攻机会的一种配合方法。

掩护配合的要点：①掩防队员要站在同伴的防守队员的移动线上；②掩护配合行动要突然、快速，运用假动作造成防守队员错觉，完成掩护配合；③同伴之间必须掌握好配合动作的时间；④当防守队员交换防守时，掩护队员要运用掩护后的第二个动作，突然转身切入篮下或寻找其他的进攻机会；⑤在掩护过程中，掩护队员和同伴都要做一些进攻动作，吸引对手，达到隐蔽掩护配合的意图。

第三，突分配合。突分配合是持球队员运用突破打乱防守部署或吸引防守，并及时将球传给同伴，使同伴获得进攻机会的配合方法。

突分配合的要点：①突破队员的动作要突然、快速。在突破过程中，既要有传球的准备，又要有投篮的准备；②突破队员在突破过程中，要始终注意观察场上攻、守队员位置变化，及时分球或投篮；场上其他进攻队员要掌握时机跑到有利的进攻位置上去接球。

第四，策应配合。策应配合是指进攻队员背对或侧对球篮接球，并以他为枢纽，与同伴相互配合而形成的里应外合的进攻方法。

策应配合的要点：①正确选择策应点，迅速摆脱防守，抢占策应的位置；②策应队员接球后两脚开立，两腿弯曲，上体稍前倾，两肘微屈，两手持球于腹前，用臂和身体保护好球，要随时注意观察场上情况，以便及时将球传给有利进攻机会的同伴或自己伺机进攻；③策应队员在策应过程中，运用好跨步、转身来调整策应方向和位置，以便协助同伴摆脱防守或为自己创造进攻机会；④同队队员传球给策应队员后，要及时摆脱、接应或切向篮下进攻。

（2）防守战术基础配合

防守战术基础配合是两三名队员在防守中运用协同防守配合的方法，它包括挤过、穿过、交换防守、"关门"、夹击、补防等防守配合，是组成全队防守的基础。

第一，挤过配合。挤过配合是当掩护队员在进行掩护的一刹那，被掩护的防守队员主动上前，靠近自己的防守对象，并随其移动，从两名进攻队员之间侧身挤过去，继续防守自己对手的配合方法。

挤过配合要点：①防守掩护的队员，应及时提醒同伴注意对方掩护，自己随移动应稍向后撤，以便补防；②被掩护的防守队员要及时、主动上步贴近自己的对手。

第二，穿过配合。当防攻队员进行掩护时，防守掩护的队员主动后撤一步，让同伴（即被掩护的防守队员）及时从自己和掩护队员之间穿过去，以便继续防守住对手，称为穿过配合。

穿过配合要点：①当对方掩护时，防守掩护的队员要主动、及时后撤一步；②被掩护的队员要快速穿过堵住的进攻路线。

第三，交换防守配合。交换防守是当对方进行掩护或策应时，两名防守队员及时交换防守对手的一种配合方法。

交换防守配合要点：①交换防守前，防守掩护的队员要及时地把换人的信号告诉同伴并积极堵截切入队员的路线；②被掩护的防守队员接到换人的信号后，积极堵截掩护队员向内线切入的移动路线。

第四，"关门"配合。"关门"是当进攻队员持球突破时，防守突破的队员向侧后滑步，同时，临近突破一侧的防守队员迅速向进攻队员的突破路线滑动，与防守突破的队员靠拢，像两扇门一样关起来，堵住持球突破队员的一种配合。

"关门"配合要点：①防守突破队员要积极防守，堵住进攻队员的突破路线，临近突破一侧的防守队员及时、快速地向同伴靠拢进行"关门"，不给突破队员留有空隙；②"关门"后，突破队员一停球，协助"关门"的队员迅速回防自己的对手。

第五，夹击配合。夹击配合是两个防守队员利用有利的区域和时机，封堵持球队员的传球路线，造成持球队员传球失误或违例的一种协同防守的配合方法。

夹击配合要点：①正确选择夹击的区域和时机；②夹击配合时，行动要果断、突然，两名夹击队员应充分运用身体、两臂严密固守持球队员，两人的双脚位置约成90°，不让其对手向场内跨步；③夹击时，防止身体接触或抢球造成的不必要的犯规动作；④防守的两名队员在夹击配合过程中，其他防守队员要紧密配合，放弃远离球的进攻队员，严防近球的进攻队员接球。

第六，补防配合。当防守队员被对手突破或绕过时，临近的其他防守队员主动放弃自己的对手，去补漏防守的配合方法，称为补防配合。

补防配合要点：①当同伴被对方突破后，临近的防守队员要大胆放弃自己的对手，果断、突然、快速地补防；②补防时，应合理运用技术，避免犯规；③被对手突破而漏防的队员应积极追防，补防同伴的对手，注意观察对手传球路线，争取断球。

（3）快攻与防守快攻

快攻是指在由防守转入进攻时以最快的速度、最短的时间，在人数上造成以多打少的优势，或在人数相等以及人数少于对方的情况下，乘对方立足未稳，果断而合理地进行攻击的一种快速进攻战术。

快攻战术是全队战术的主要组成部分，是篮球比赛中得分的重要方法，为国内外篮球队所重视。因此，在快攻训练中，必须加强快攻基础战术的练习以及攻防转化意识的练习，培养勇猛顽强的意志品质和勇于取胜的集体主义精神，不断提高快攻战术质量。

第一，发动快攻的时机。①抢到防守篮板球时发动快攻。②抢、打、断球，获球时发动快攻。③掷界外球时，要想到发动快攻。④跳球，获球后发动快攻。

第二，快攻战术的形式和组织结构。快攻的形式分为长传快攻、短传快攻和结合运球突破快攻三种。①长传快攻。长传快攻是防守队员在后场获球后，立即快速地用一次或两次传球给迅速超越对手的同伴进行投篮的一种配合方法。②短传快攻。短传快攻是防守队员获球后，立即以快速的短传推进和快速跑动获得投篮机会的一种配合方法。

第三，防守快攻。防守快攻是防守战术的主要组成部分。它是在进攻转入防守的刹那间，快速地、有组织地制约对方的反击速度和破坏对方快攻路线的配合方法。

防守快攻的要点：①提高投篮命中率，拼抢篮板球：从比赛规律看，抢篮板球发动快攻的次数最多。因此，提高投篮命中率，减少对方抢篮板球的机会最重要。即使投篮不中，也要拼抢篮板球，破坏对方在空中点拨球发动第一传。②封第一传，堵接应：当对方控制了篮板球时，离持球队员最近的队员要迅速上前封锁对手的传球路线，其他队员应判断好接应点，阻挠对方接应第一传和有组织地退守。③堵中路，卡好两边：除封第一传，堵接应外，还应组织力量堵截中路，迫使对手沿边线推进。同时，卡好两边，以防对方偷袭快攻。④提高以少防多的能力：防守快攻结束阶段，若遇以少防多时，防守队员要沉着冷静、有信心，充分发挥防守的积极性，判断准确，积极移动，合理运用技术，及时补位，提高防守效果。

（4）防守战术的基础配合

防守战术的基础配合有挤过、穿过、换防、补防、"关门"和夹击配合等形式。

挤过、穿过配合。当对方进行掩护时，如果防守者发觉，可根据对方掩护者和被掩护者的距离远近，决定向前一步挤过或后撤一步穿过及时防住对手。

换防配合。是为了破坏对方的掩护配合，防守队员之间彼此及时地交换自己所防守的对手的一种配合方法。

关门配合。"关门"是临近的两个防守队员协同防守突破的配合方法。

夹击配合。是两个防守队员运用合理的防守技术，积极防守一个进攻队员的配合方法。

补防配合。是两三个防守队员之间的一种协同防守的配合。当同伴失去有利防守位置，进攻队员有直接得分的可能时，临近的防守队员要立即放弃自己的对手进行补防。

（5）区域联防

区域联防是防守时，每个人分工负责防守一定的区域，严密防守进入该区域的球和进攻队员，并与同伴协同防守的集体防守战术。

区域联防要求合理地分配队员的防守区域，在分工负责防守区域的基础上，五个队员必须协同一致，积极随球移动，加强对有球一侧的防守，做到近球者紧，远球者松；有球者上，无球者补。区域联防的战术队形常用的有"2－1－2""2－3""3－2""1－3"等。

区域联防应根据进攻队的特点和本队的条件来决定采用哪种站位队形进行防守。"2－1－2"联防是区域联防的基本形式，五个队员的位置分布较均衡，移动距离短，便于相互协作，能相对减少犯规。

（6）半场人盯人防守

半场人盯人防守是指在后场每个防守队员盯住一个进攻队员，同时协助同伴完成集体防守任务的全队防守战术。它的特点是以盯人为主，分工明确，能有效地控制对方进攻重点。半场人盯人防守分为有球一侧防守与无球一侧防守。

有球一侧防守：球在正面圈顶一带时，要错位防守，以防守对手接球为主。球在45°角二带时，要侧前防守。

无球一侧防守：球在圈顶一带和45°角时，无球侧防守者应回缩球，注意协防和篮下。进攻人盯人防守时有各种阵形打法，主要是由传切、掩护策应等局部配合组合而成。

4. 创新的训练方法

（1）绕三环训练

身体直立，双脚分开与肩同宽，左、右手交替触球，让篮球依次绕头部、绕躯干、绕下肢进行环绕运动，顺、逆时针进行交替练习。在环绕过程中，手交替触球时，要用手指和手腕发力拨动篮球，手掌心空出，让篮球以尽可能快的速度完成头部、躯干和下肢的环绕动作。同时，身体保持静止，不要随球的环绕摆动。到绕行下肢练习时，双腿屈膝半蹲，尽可能挺胸抬头持球并保持重心平稳，让篮球以顺时针的方向围绕膝盖进行环绕，下肢保持静止。在进行原地绕三环练习后，可以稍微加点儿难度，进行慢走绕三环。手上动作保持不变，配合上脚步的动作，每走一步，进行一次原地绕头、绕躯干、绕下肢练习。过程中，要挺胸抬头，保持重心平稳，注意行走速度与绕球动作的结合，不要因为慢走减缓绕球速度，同时也不降低手指、手腕的拨球速率，保证篮球不要触碰身体，这对提升手指对球的感觉会有很大帮助。

（2）地面单、双手推拨训练

双手持球弯腰直线前行，用左、右手交替推拨篮球一起前进。行进过程中，单手完成一次对篮球向内侧和外侧的"推拨"动作，然后再将篮球推到另一只手重复这一动作。注意，每次"推拨"篮球时同样用手腕和手指发力，触球部位仅为手指部位。这个动作比较有难度的一点在于，在"推拨"过程中，手指要一直保持对于篮球运动轨迹的控制，并且做到不因为拨球动作减缓或停止身体的前进动作，同时要保持身体直线前进。

三、乒乓球

乒乓球因声得名，是体育项目中最形象的叫法，而国际乒联一直沿用"桌上网球"的名称。它是一项富有锻炼价值的运动，特点是球小、速度快、变化多，能锻炼身体，增强体质，丰富生活，增添乐趣。乒乓球集健身性、娱乐性、竞技性、调节性等为一体，深受广大群众喜爱，在我国被誉为"国球"。

（一）技术

1. 握拍技术

（1）直握拍法

快攻型直握拍法：拍柄贴在虎口上，拇指的第1指节压住球拍左肩，食指的第2指节压住右肩，拇指第1指节和食指第1、2指节位于球拍前面成钳形，两指尖距离2厘米，其他3指自然弯曲叠置于拍后。

弧圈型直握拍法：食指扣住拍柄与拇指共同形成环状，其他3指在拍背面自然微伸叠置于拍后。

削球型直握拍法：拇指弯曲紧贴拍柄左侧，稍用力下压，其余4指分开并自然伸直托住球拍的背面。

（2）横握拍法

攻击型横握拍法：拇指自然斜伸，贴于拍面。食指自然斜伸，贴于球拍背后，用第1指节顶住球拍，顶点略偏上。

削攻型横握拍法：拇指在前自然弯曲贴于拍柄，食指在拍后自然斜伸贴于拍面，其他各指自然握住拍柄。

2. 站位技术

运动员为了便于回击各种不同落点和性能的球，在每次击球前，都会根据个人的打法和身体特点力求使自己处于一个相对固定的位置，并保持一种相对稳定的姿势。这个相对固定的位置就叫基本站位，这种相对稳定的姿势就叫基本姿势。选择正确的基本站位与姿势，有利于迅速起动移动步法，占取合理的击球位置，充分发挥自己的技术特长。

（1）基本站位

进攻型打法一般距离球台 50 厘米左右，擅长近台进攻的选手，站位可再稍近些；擅长中远台进攻的选手，站位可稍靠后些。擅长正手侧身抢攻的选手，可站在球台偏左侧；擅长打相持球或反手实力较强的选手，可站于球台中间略偏反手的位置。削攻型打法一般距离球台 100～150 厘米左右，多在球台中间略偏反手的位置。

基本站位所指的是一个大概范围，并不是固定的一点。各种类型打法的基本站位不仅不一样，而且它们所指的范围大小也不相同。直拍近台快攻打法的基本站位所指范围较小，弧圈球打法就大些，而削球打法则更大。

（2）基本姿势

两脚开立，比肩稍宽，左脚稍前，右脚稍后，前脚掌内侧着地，脚后跟略提起，两膝自然微屈，重心在两脚之间，含胸收腹，身体略前倾，肩关节放松，执拍手位于身前偏右处，球拍略高于台面。另外，每个选手的基本姿势还要依其身体条件及技术特点略有变化。

（3）步法

乒乓球练习时，由于来球的落点不断变化，要正确地还击每个来球，除必须具备快速的反应和良好的身体素质外，还要靠正确、灵活的步法，及时移动身体到最佳的击球位置。常用的移动步法有单步、并步、跨步、跳步、侧身步、交叉步、结合步等。

单步移动：击球的时候以一脚的前脚掌为轴着地，另一脚向前侧、后移动一步，在来球离身体较近角度不大、小范围内使用。

并步移动：击球的时候以来球异方向的脚向同方向的脚并一步，然后同方向的脚再向来球方向移一步，移动时无腾空动作，在小范围移动时应用。

跨步移动：跨步是指一只脚向不同方向跨出一大步，另一脚迅速跟上半步。常在来球急、角度大、离身体较远时使用。

跳步移动：一脚用力蹬地，使双脚离开地面，同时向左、向右或前后跳动，快攻型打法用此来侧身。

侧身步移动：右脚向左脚并拢落地时，左脚向左侧方调整一小步，并向侧前方迈出一步。

交叉步移动：先以靠近来球的脚作为支撑脚蹬地，使远离来球的脚迅速向来球方向跨出一大步，原蹬地脚向前移动一步，一般用来对付离身体较远的球。

结合步移动：使用一种步法不能获得最佳击球位置时，可使用结合步来完成，移动范围比单一步法大。

3. 发球技术

发球是唯一不受对方制约的技术，是比赛中力争主动、先发制人、争取胜利的重要环节。

（1）正手平击发球

动作要点：左脚在前，身体稍向右转，抛球同时右臂稍向后引拍，拍形稍前倾，持拍手从身体右后方向前挥拍，击球的中上部；击球后，前臂和手腕继续向左前方摆动，身体重心移至左脚。

要点：击球后的第一落点应落在球台的中区。

（2）正手发下旋与不转球

发下旋加转球方法：左脚稍前，右脚在侧后，左手掌心托球于身体右前方；将球抛起，当球从高点下降至与网同高时，前臂加速向左前下方发力，击球中下部向底部摩擦，触球时，拍面后仰，手腕加力，切球越薄，发出的球越转。要点是用球拍的下半部偏前的部分摩擦球的中下部，触球瞬间，加强用力，做下旋的摩擦。

发不转球方法：发不转球动作方法与发加转球动作方法基本相同，注意拍触球时，减少向后角度，并稍加前推的力量。要点是用球拍的上半部去摩擦球的中下部，触球瞬间同样加速，注意体会球拍吃不住球的感觉。

4. 推挡球技术

推挡球技术特点是站位近、动作小、击球早、球速快、变化多。推挡包括快推、加力推、反手减力推等技术。

（1）推挡

动作要点：挥拍向前方偏上，加力击球的中部，击球时肘关节加速展开以便发力，如挡直线，当球从台面弹起时，前臂向前迎球，手腕略向外展，拍稍竖起，拍面对着对方左角，在球的上升期击球的中上部，拍形稍前倾。如挡斜线，手腕稍向内转，使拍形对着对方右角，触球中上部。

要点：随势挥拍，距离要短，快速还原。

（2）快推

动作要点：击球前，判断来球，选好站位，左脚稍站前，击球时，以肩为轴，屈肘向后稍引拍，右肩下沉，触球中上部，借球的反弹力击球的上升期，前臂稍旋，外手腕外展，拍面稍前倾。

要点：肘关节应贴近身体，前臂稍前迎，拍头向斜下方。

（3）加力推

动作要点：加力推的击球时间比快推稍晚一些，拍略提高一些，以肩为轴，屈肘引拍向后稍下，发力时，拍形固定，手腕不加转动，充分发挥身体向前压和伸肘关节的力量。

要点：触球时拍前倾，身体重心稍提起，高点期击球的中上部。

（4）反手减力推

动作要点：选好站位，左脚稍前，击球前屈肘向后方偏上，以肩为轴，拍形稍前倾，在球上升期，挥拍向前下方触球瞬间停止挥拍，以减弱发力。

要点：随势挥拍动作时向后收回。

5. 攻球技术

攻球是乒乓球技术中重要的组成部分，是比赛克敌制胜的重要手段。攻球包括：正手快攻、正手快拉、侧身正手攻球等。

（1）正手快攻

动作要点：击球前，左脚稍前，身体离台 40 厘米左右，前臂稍后引，球拍置于身体右侧后方，拍面稍前倾，手臂向左前方迎球；击球时，上臂带动前臂在球的上升期击球中上部。

要点：击球时，前臂在球的瞬间旋内，注意还原。

（2）正手快拉

动作要点：快拉与快攻动作的不同之处是引拍时，身体重心稍下降，球拍略低于球，触球瞬间撞击结合摩擦球的中部，来球下旋强烈时，触球中下部，击球时间为下降前期，触球瞬间手腕有一向上摩擦球的动作。

（3）侧身正手攻球

动作要点：首先要迅速移动脚步到侧身位置，身体侧向球台，左脚稍前，上体略前倾并收腹。根据来球情况，在侧身位置用正手攻球的各种技术击球。

6．搓球技术

搓球是近台还击下旋球的一种基本技术，其技术特点：动作幅度不大，出手较快，弧线低，落点变化丰富。搓球是用下旋控制技术中的基本技术，它包括：反手慢搓、反手快搓。

（1）反手慢搓

动作要点：击球时，利用手臂前送的力量，击球的下降期，触球的中下部向底部摩擦。

要点：直拍者手腕做外伸，横拍者手腕做内收。

（2）反手快搓

动作要点：击球前，身体靠近球台站位，拍面稍后仰，引拍至身体左前上方；手臂向左前下方迎球击球时，前臂加速向前下方用力，击球的上升期，触球的中下部借助来球的力量回击。

要点：搓球过程中要有手腕动作，手臂要与身体协调一致。

（二）训练

运动员在比赛中根据自己和对方的具体情况，有目的、有意识地运用技术，就构成乒乓球的战术。

1. 单打

（1）发球抢攻战术

反手发右侧上（下）旋球，至对方中路靠右近网处，伺机抢攻；反手发急上（下）旋球，至对方左角，配合发近网短球，伺机抢攻；正手发左侧上（下）旋球，配合发转与不转球抢攻；正手高抛发左侧上（下）旋球（长、短球）至对方左角后抢攻。

（2）推挡侧身抢攻战术

用推挡技术压住对方反手，伺机侧身抢攻。

（3）对攻战术

这是进攻型打法选手互相对垒时常用的战术。主要有紧压对方反手结合变线，连续压中路及正手，调右压左，利用轻重力量变化等战术，伺机抢攻，近台打（拉）回头和远台对攻（拉）及放高球，以争取由被动变主动。

（4）攻对削战术

有拉两角杀中路；拉中路攻右（左）角；拉右（左）杀左（右）；拉远台迫使对方离台远，然后放短球，扰乱对方步法，伺机扣杀。

（5）以削为主，削中反攻战术

以旋转和落点变化迫使对方回球偏高，伺机反攻或使对方失误；以稳削变化旋转和落点为主，适当配合反攻；连续削加转球至对方左角，然后配合送不转球至对方右角；连续削对方正手，突变削对方反手，迫使对方用搓球回接，伺机反攻，削转与不转球，配合控制落点，伺机反攻；交叉削逼两角，伺机反攻。

2. 双打

为了协同作战，加强配合，双打选手在发球时可用手势相互暗示发球意图，尽量为同伴创造抢攻条件，力争主动。在接发球时应以抢攻、抢拉为主。当发球或接发球后，可运用打一角的战术，迫使对方两人在一角匆忙换位，再突袭另一角；亦可交叉攻两角或长短结合的战术，打乱对方两人的基本站位、走位，从中创造进攻机会。

3. 创新的训练方法

（1）升降球网练习法

升网法是将球网稍升高（约1厘米），练习既定内容。此法可增加攻球弧线的弯曲度，对攻球弧线过直的球员而言，颇有实用价值。

降网法是将球网稍下降，按既定内容进行练习。此法多在练习削球或搓球时采用，可降低击球弧线的高度。

（2）加宽球台练习法

将球台的其中一方改放一个半或两个台面，使台面加宽。此法多在练习步法时采用，可增加脚步移动的距离和速度。

（3）网上加线练习法

将球网上方另加一直线，要求双方击球皆从中间穿过（中间约为5厘米）。此法一般在对搓时采用，目的是控制弧线高度。

四、羽毛球

羽毛球运动是在室内外均可进行的一项小型球类活动。现代羽毛球比赛分为男子单打、女子单打、男子双打、女子双打和男女混合双打五个单项比赛。羽毛球比赛以得分定胜负，不受时间的限制。羽毛球运动是一项深受大众喜爱的体育活动，它器材设备简单，技术要求和运动量可自我控制，充满乐趣又可强身健体，所以它便于开展，男女老少都能参加。羽毛球运动又是一项竞技性很强的竞赛项目，羽毛球比赛紧张激烈，观赏性较强。在比赛中，球飞翔的快慢、轻重、高低、飘转等变化，对运动员的身体素质、智力水平要求较高，运动员必须具有较好的力量、速度和耐力，而且步法要灵活，反应要敏捷，技术要全面。

（一）技术

1. 握拍

正确的握拍是各种击球动作的基础。握拍的正确与否将直接影响击球的准确性，影响技术的全面发挥和提高。握拍法有正手握拍法和反手握拍法两种。

（1）正手握拍法

握拍时，先用左手拿住拍子的腰杆，使拍面与地面垂直，然后张开右手掌，虎口对准拍柄侧面内沿，拇指与中指接近，食指稍分开自然放松，其他三指自然地握住拍柄。

（2）反手握拍法

在正手握拍的基础上，把拍柄稍向外转，食指收回，拇指的第二节内侧顶贴在拍柄的内侧棱上或面上，其他三指放松地握住球拍，手心与拍柄之间留有一定的空隙，使手腕和手指能灵活运动。

不论用哪种握拍法，在击球之前，握拍要做到松握自然，在球与球拍接触的一刹那，再紧握球拍。

2. 发球和接发球

（1）发球

它是羽毛球击球技术中最基本的技术。发球技术有正手和反手两种。按球在空中飞行的弧线可分为高远球、平高球、平球和网前小球四种。

第一，正手发球。以发高远球为例，左肩侧对球网，左脚在前，脚尖朝前，右脚在后，脚尖稍向右侧，身体重心在右脚上。右手的上臂和前臂同时向右肩后侧上方举起，肘部微屈，左手持球举在腹部右前方，发球时左手放球下落的同时，球拍由下而上快速挥动，拍击下落的球底。这时，球借臂力、腕力和球拍的弹力向前飞出。球击出后，球拍随惯性往左侧上方挥动，重心由右脚移至左脚，球拍快速回复至发球前位置。

发平高球、平快球、网前球的动作要点与发高远球基本相同。不同之处在于发球人的站位、球的高度与弧度、拍面发力的方向、速度与落点不同。

第二，反手发球。在双打比赛中运用尤为普遍。这种发球的特点是动作小、速度快和隐蔽性强，易于迷惑对方。

动作要点：发球人站位应靠近发球线。左、右脚在前均可。身体重心放在前脚上，上体稍前倾，右手反手握拍，拍面稍后仰，置于左腰侧，手背朝网，适当抬起，肘部弯曲。左手持球，注意击球点不应过腰，要充分利用前臂带动腕、手指向前横切推送，使球落在对方场区的前发球线附近。

不论发何种弧度的球，都要注意发球姿势和身体重心移动的一致性，使对方不易看出要发什么球。

（2）接发球

接发球同样是羽毛球技术中最基本的技术。掌握好接发球技术是克敌制胜的重要环节。

接发球时，站位应在本场区中间附近处，左脚在后，侧身对网，后脚跟稍提起，身体稍前倾，右手持拍在右侧身前，两眼注视对方。

3. 击球

击球是羽毛球运动的一项重要技术，只有熟练地掌握击球技术，才能积极主动地控制球速和落点，充分发挥击球的威力。

击球技术依据动作特点，一般可分为高手击球、网前击球、低手击球三种。

（1）高手击球

这种击球的特点是击球点高、速度快、变化多，具有一定威胁性。它是羽毛球后场击球动作的基础，在比赛中运用最多，也是快攻打法的最基本技术。

第一，高远球。高远球可分正手、反手击高远球和头顶击高远球。

正手击高远球是将来球击得较高、较远而垂直降落在对方底线附近的球。击球前，首先看准来球的方向和高度，迅速调整好位置和步法，使来球在自己的右肩前上方。成左脚在前，右脚在后，身体重心在后脚，侧身对网的准备姿势。开始击球时，右手举拍向后拉引，肘弯曲比肩略低，当球落到一定高度时，手臂迅速向上挥拍，手腕充分后屈，以肩为轴，上臂带动前臂快速向前甩动手腕。若拍面稍向斜前上方与球接触，则击出的球成平高球。若拍面向前方与球接触，击出的球成平球。击球后，手臂应顺惯性往右肩下方挥动，身体重心由后脚逐渐移向前脚。

反手击高远球的要领是：当来球到左后场区时，右脚向左脚跨出一步，身体随着向左旋转背对网，球拍由身体前举至左肩部位，用反手握拍击球。击球时先抬肘关节，以上臂带动前臂向后甩腕。

头顶击高远球的准备姿势同正手击高远球，不同的是击球点在左肩上方，击球时，侧身对网并后仰，球拍绕过头顶从左上方向前挥动。主要靠前臂带动手腕的快速闪动力量才能击出快而有力的高远球。

不论击什么球，击球之前，握拍要放松自然，击球时肘关节要先行，击球点要高，动作要小，小臂与手腕闪动要快，爆发力要强。

第二，吊球。把对方击来的高球，还击到对方网前区的球，叫吊球。它是组织战术配合不可缺少的重要环节，在单打战术中运用较多。吊球在后场和高球、扣球配合运用，会给对方造成很大的威胁。

吊球有轻吊、劈吊两种。轻吊带有切削动作，用力较轻，球速较慢，落点离网较近。劈吊切削动作幅度比轻吊稍大些，球速快，弧度较平，落点一般都超过前发球线，它带有假动作，与平高球配合运用，很容易打乱对方的战术。

吊球的准备姿势与击高远球基本相同，除用力不同外，在挥动球拍时，球拍面的正面向里倾斜，形成半弧形，触球时，手腕快速"闪"动。若拍击球托的右侧向左下切削即为头顶吊对角球，若拍击球托的左侧，即为反手吊球，当对方的来球弧度较高时，手腕向前推送的力量要小些，而向下切削的力量要大些。当来球弧度较平时，则手腕向前推送的力量大些，向下切削的力量应小些。不论吊什么球，击球点要高，控制好击球的力量，注意手腕的快速闪动和切削的角度，这样才能把球吊好、吊准。

第三，扣杀球。把对方击过来的球用力迅速地往对方场区下压叫扣杀球。这种球的特点是速度快、力量大、威胁性大。它既是直接得分的主要手段之一，又是组成战术配合的有效技术。扣杀球可分为正手扣杀球、反手扣杀球和头顶扣杀球三种。

正手扣杀球的准备姿势与正手击高远球基本相同。不同点在于准备击球时，身体稍向后倾，选择最高击球点。当击球的刹那间，要充分伸直手臂紧握球拍，用前臂带动手腕向下猛扣。

反手扣杀球的准备姿势与反手击高远球基本相同。不同处在于当来球落在左肩的前上方时，背朝网，右脚向左侧跨出一步，球拍由前举到左肩。当球拍触球的一刹那，握紧球拍，用肘关节带动前臂和手腕，用力向下扣压。

头顶扣杀球的准备姿势与头顶吊球基本相同。不同处为当来球落到头顶和左肩前上方时，利用腰腹肌和身体的力量，以肘关节带动手臂和手腕由左前方的侧转动作将球用力向下扣压。

（2）网前击球

网前击球一般可分为搓球、推球、勾球、扑球等。

第一，搓球。动作要点（以正手网前为例）：左脚蹬地，右脚向网前跨步成弓箭步，侧身对网，重心在右脚上，手臂前伸，自然放松，击球点要高，出手要快，击球前握拍的腕部和手指要放松。在击球的一刹那，拍面与网成斜面，利用手腕的力量迅速地向前切削搓击球托的左下侧面，使球滚过网去。

第二，推球。动作要点：准备姿势与网前搓球基本相同。在击球的一刹那间，拍面几乎与网平行，向前转动腕、指，利用手腕和手指的力量向前快速"闪"动，将球击到对方的底线。正手推球多靠手腕和食指的力量，反手推球多靠手腕与拇指的力量向前推动球拍。

第三，勾球。动作要点：准备姿势与网前搓球基本相同。只是在击球的一刹那，拍面向里倾斜，球拍击球托的侧面，手腕和手指同时向里钩动。当来球离网较高时，拍面可稍向下或向平行网的方向用力。如来球离网较近时，击球时拍面可稍向上方用力。

第四，扑球。动作要点：准备姿势与推球基本相同。只是当对方打来的球在网前上空时，快速举拍向前，利用小臂和手腕的力量轻轻向下方"闪"动球拍，争取在较高的击球点把球向下压。当拍面触球后立即收回，以免触网犯规。

无论搓球、推球、勾球、扑球，都要求击球点要高，一般在网的上部，使球的落点尽可能在对方网区内。击球时要注意灵活地用手腕发力。

（3）低手击球

它是一种不可缺少的防守性技术，难度较大。运用得当，能收到以守为攻的效果。低手击球可分为挑球、平抽球、挡球三种。

第一，挑球。动作要点：准备姿势与网前推球基本相同。不同处为击球时挥拍动作小，紧握球拍，以肘关节为轴，带动手腕和手指向前上方击球。反手挑球用反手握拍法握拍，以肘关节先行，快速挥动小臂闪动。

第二，平抽球。动作要点：准备姿势与挑球基本相同。不同处为击球时，拍面与地面几乎垂直，靠前臂带动手腕向前"闪"动，当球拍触球时，拍面向前击球。

第三，挡球。动作要点：半蹲姿势，身前举拍，把握好用力和方向。在击球的一刹那，紧握球拍，以手腕和手指的力量回击。挡直线时，拍面朝正前方；挡对角线时，拍面朝对角方向。若来球近身体时，采用转身动作挡球。

4. 步法

羽毛球步法有上网步法、后退步法和两侧移动步法三种。

（1）上网步法

站位在球场中间。当对方击网前球时，脚跟提起轻跳迅速调整身体重心。若以两步上网时，左脚先迈出一小步后蹬地，右脚紧接着迅速向前跨出一大步，以脚掌外侧和脚后跟落地滑步缓冲。左脚随即向前跟进，以协助右脚回蹬。上体侧身向前倾，两腿成弓箭步，右脚尖朝外斜。击球后，以并步或小跑步返回原来位置。若以三步上网时，右脚先迈出一小步后，左脚垫上一步或从右脚后面交叉一步，并随着蹬地。右脚紧接着迅速向前跨一大步，左脚同时向前跟进，以协助右脚回蹬。击球后，并步或小跑步回中心位置。

不论三步、二步或一步上网，最后一步都要求右脚在前，身体重心在右脚。

（2）后退步法

后退步法有正手、头顶交叉和反手后退三种，应根据来球的落点和速度灵活地加以运用。

第一，正手后退步。以并步后退步为例，当对方快击球至后场时，轻跳调整重心，然后右脚蹬地，快速向右后撤一小步，髋关节随着带动上身转体侧身向网，接着左脚并步靠近右脚跟，右腿再向后移至击球位置。在移动中，做好挥拍击球的准备，待来球在右肩上方下落时，正手原地或跳起击球。击球后用并步或小跑步回中心位置。

第二，头顶交叉后退步。准备姿势与正手后退步基本相同。不同处为第一步右脚蹬地后撤向左后方，上身随着右腿向左后方转体的幅度大小，上体向左后仰，左脚后退一步体后交叉，右腿再移至来球位置，能头顶击球。

第三，反手后退步。准备姿势与正手后退步法基本相同。只是当对方来球到反手底线时，右脚并步移向左脚后跟，身体随之向左后侧转，然后右腿蹬地，左脚向左后方撤一步，背对网，右脚从左脚前向左后方跨步到击球位置，做反手击球动作。

无论采用何种后退步法，最后一步都必须是右脚在后，身体重心落在右腿上。

（二）训练

战术是根据对手的技术、打法、体力和思想意志等因素，从发挥自己的长处，弥补自己的短处出发，为争取比赛胜利而采取的各种策略。

1. 单打战术

（1）发球抢攻

即从发球的第一拍起，争取控制对方，攻杀得分。一般以发网前低球结合平快球、平高球，争取第三拍主动进攻。

（2）攻后场

对后场还击力量较差的对手，可以攻后场底线两角，乘机进攻。

（3）攻前场

对基本功差的选手，可将其引到网前，争取得分。

（4）打四方球

若对手步法较慢，体力稍差，技术不全面，可以快速准确的落点攻击对方场区的四个角落，伺机向空当进攻。

（5）杀吊上网

当对手打来后场高球，先以杀球配合吊球把球下压，落点要选择在场区的两条边线附近，使对手被动回球。若对手还击网前球时，迅速上网搓球、勾球或平推球，创造在中后场大力扣杀的机会。

（6）守中反攻

先以高远球诱使对方进攻，在对手强攻不下、疏于防守时，即可突击进攻，或在对手体力下降、速度缓慢时，再发动进攻。

2. 双打战术

（1）发球、接发球

双打的发球往往是决定胜负的关键。发球要根据对方情况，选择好站位，注意球路、落点的变化，争取主动。因双打的发球线比单打短76厘米，不利于发高球，往往以发网前球为主。接发球时如判断起动快，有较好的出手手法，常可以扑球使对方被动，或是以搓、推获得主动进攻的机会。

（2）攻入（2打1）

集中攻击对方有明显弱点的队员。当另一队员前来协助时，露出空隙，可攻空隙；若另一名队员放松警惕时，可攻其不备。

（3）攻中路

当对方处于并排防守站位时，可攻对方两人的中间。当对方前后站位时，就可把球下压或轻推在两边线半场处。

（4）攻后场

遇到后场扣杀能力差的对手，可采用平高球、推平球、接杀挑底线，把对方一人逼迫在底线两角移动。当对手被动还击时，大力扑杀。如另一对手后退支援时，即可攻网前空当。

（5）后攻前封

当本方处于主动进攻前后站位时，后场队员逢高球必杀，迫使对手接杀挡网前，为本方前场队员创造封网扑杀机会。前场队员要积极封锁前场，迫使对方被动挑高球，遇挑高球不到后场，就会为本方创造得分机会。

（6）守中反攻

在防守中寻找反攻的机会，以达到摆脱被动转为主动进攻的局面。待到有利时机就运用反抽或挡网前回击对方的杀球，从守中反攻，争得主动权。

3．创新的训练方法

多球训练是目前羽毛球的一种创新训练方法，在这一运动项目中有着较为广泛的应用。在羽毛球多球训练中主要有四种形式，即一球一击、多球单练、定点击球、运动击球。

第一种形式也就是一人连续供求而主练者连续击球，这种形式的训练方式比较多地用于初学者的动作纠正以及动作定型。第二种形式的训练方式主要就是供球者和主练者互相对击，直到这一球失误，然后再进行下一个球的对练，这种方式的训练对羽毛球的练习者来说在基础上的要求较高。第三种形式的多球训练就是供球者不断地发球到一点上，通过一个比较固定的位置来进行练习，它能够有效地加强对于基本技术和动作的巩固。最后一种运动击球的多球训练形式就是供球者把球发到不同的位置，这样来促使主练者移动击球，这一形式的练习主要是加强速度，促使移动击球的准确性得以提高。

第四节　体操运动与训练

一、竞技体操

在 18 世纪以前体操还没有形成一个独立的体系，当时的体操都是游戏、军事和竞技等活动。直到 19 世纪初期和中叶，才先后形成了德国、瑞典两大体操流派，他们对体操发展贡献较大，为现代竞技体操发展奠定了基础。历届奥运会中体操都是不可缺少的比赛项目。

（一）自由体操（女生）

1. 单腿跪撑平衡

两手撑地同肩宽，单腿跪地，小腿与大腿成直角，大腿与身体成直角，抬头挺胸，另一腿伸直，尽量后上举。

保护与帮助：保护者跪在练习者侧面，一手握其上臂，另一手托腿部帮助其保持平衡。

2. 肩肘倒立

由直角坐开始，上体后倒同时收腹举腿，向后滚动，两手压地。接着，在向上伸髋的同时，屈肘内夹，双手虎口向上撑于腰背部两侧，使身体成为肘、头和双肩支撑的倒立。

保护与帮助：保护者站在练习者的侧方，双手握住练习者的腿上提。必要时可用膝盖顶住臀部，使其充分伸直。

3. 单肩后滚翻成单腿跪平衡

由直角坐开始，左臂屈肘，掌心向上，手指向后置于左肩上，右臂侧平举，头向左倾。收腹向后滚动，当滚动至右肩时，右腿后伸着地，左腿后上举。推左手，右手收至体前成右腿跪地、左腿向上举的跪平衡。

保护与帮助：保护者立于练习者侧方，滚动至右肩时，一手轻托练习者左膝部，助其推手成平衡。

4. 前滚翻

蹲立，双手体前撑地，两腿蹬伸同时低头、提臀，使头部置于两手之间，以枕部抵紧地面，然后颈、背、腰、臂依次滚动着地。当背部着地时，两臂前挥紧抱小腿，低头、收胸、快速向大腿收靠至蹲立。

保护与帮助：保护者跪于练习者侧方，推背帮助起立。

5. 跪跳起

两臂前平举，展腹跪立。两臂后摆同时收腹下坐，两臂向前上方迅速挥动，同时展髋、提腰，足背与小腿弹压地面，身体向上腾起后，快速收腹收腿，成两臂前平举的蹲立。

保护与帮助：保护者立于练习者侧方，当其两臂摆至前上方时，以手托其上臂，助其收腹收腿。

6. 创新的训练方法

（1）减难法

减难法在辅助练习中主要是指以低于专项要求的动作完成难度进行训练的方法，通常需要搭配使用保护帮助法或使用辅助器械、变形器械等进行练习的方法。如运动员在初学团身后空翻这个动作时，由于运动员的自身能力和熟练性都不具备在一开始学习该动作时就能够立刻在自由操板上独立完成，因此，需要采用减难法对团身后空翻进行设计相关的辅助练习，教练员可以通过保护帮助法来让运动员进行该动作的完整练习，此外也可通过由高至低（平地至海绵坑或者从小盒子垫至平地）的降低动作完成难度的方式以及采用蹦床等辅助器械来帮助运动员完成和掌握完整的动作。这有助于帮助运动员建立自信心以及帮助运动员在能力还有所欠缺的情况下完成该动作。

（2）加难法

加难法在辅助练习中主要是指以高于专项要求的动作完成难度进行

训练的方法，通常搭配采用的方法有保护帮助法和完整法或者分解法等，且常用的辅助器械主要是沙袋或者高包等。如运动员在学会跳马项目的助跑前手翻后，由于需要进一步发展前手翻接团身前空翻等动作，因此在前手翻学会以后，教练员会安排前手翻站高垫或者是趴高垫等辅助练习，而这两种练习就是在前手翻的基础之上所运用加难法设计出的辅助练习。

（二）双杠

1．分腿骑坐前进

由分腿坐开始，两手推杠，两腿压夹杠，身体挺直立起提高重心。上体前倒，两手体前撑杠（稍远些），同时紧腰，腿压杠弹起后摆进杠。并腿前摆，腿超过杠面后，迅速向两侧分开以大腿后内侧触杠，并顺势后滑成分腿坐。

保护与帮助：保护者站在杠外练习者侧前方，待其前进手撑杠时，一手握其上臂稳固支撑，一手托大腿助其腾起进杠；当其前摆时顺势托其背腰以助前摆。初学者可两人保护。

2．支撑摆动

支撑摆动是双杠摆动动作中重要的基本技术之一。摆动时应直臂撑，顶肩，以肩为轴，肩部尽可能保持在支撑点（握点）的垂直部位。支撑摆动可分为前摆和后摆：前摆是从身体后的最高点（极点）开始的；后摆是从前摆的最高点开始的。

前摆动作要点：身体由后上方向下摆时，脚远伸，保护身体自然下摆。身体摆至握点垂直部位前，应挺腹、伸腕。当摆过杠下垂直时，稍屈髋，向前上方做踢腿动作，以加速前摆，同时两臂向后下用力、顶肩，身体上摆接近极点时，将髋腿向前上远送，拉开肩角，达到最高点（极点）。

后摆动作要点：由前摆到最高点时，身体自然下摆，摆至握点垂直部位前，应稍微屈髋，摆过握点垂线后，向后上甩腿动作，以加速后摆，同时稍含胸、紧腰、顶肩。当身体后上摆接近极点时，应充分挺直，脚远伸，达到极点。

保护与帮助：保护者站在杠侧，一手握练习者的上臂以稳固支撑，一手在前摆时托腰背，后摆时托腹或大腿，助其摆动。

3. 支撑前摆成外侧坐

该动作支撑前摆两腿越右杠，重心右移成外侧坐。

保护与帮助：保护者站在近端外侧，一手握练习者的上臂帮助支撑，一手托其腰部帮助其完成外侧坐。

4. 外侧坐向前跳下

由外侧坐开始，左手体前撑杠（稍远些），右臂侧举，上体前倒，重心前移，肩主握点上稍前倾，同时左腿用力压杠，右腿后摆，左臂用力顶撑，使身体腾起，两腿迅速并拢，挺身跳下。

保护与帮助：帮助者站在练习者落地的同侧，一手握其右上臂，一手待其腿后摆时，顺势托大腿，帮助腾起，展体落地。

5. 支撑前摆下

由支撑前摆开始，当身体向前摆过杠下垂直部位后，稍屈髋，加速向前上摆动，腿摆过杠面后，身体重心稍右移，两腿主动向右外移。当上摆脚至肩平时，立即制动腿，并做下压动作，同时两臂用力推顶杠，急振上体，使身体腾起，先脱右手至侧举，左手换握右杠，挺身跳下。

保护与帮助：保护者站在练习者落地的同侧，右手握其上臂，以稳固支撑，左手托其背部，帮助外移重心，保护落地。

6. 分腿坐前滚翻成分腿坐

由分腿骑坐开始，两手体前靠近大腿处握杠，肘稍内夹，含胸低头，收腹提腰，使重心前上升。上体前屈，肩触杠时两肘外张，用两臂控制重心继续前移，两腿并拢。当重心向前稍过肩垂直部位时，两手迅速向前换握杠。臀部接近杠水平时，两腿分开下压，两臂推杠，上体前跟成分腿坐。

保护与帮助：保护者站在杠侧，一手托练习者的膝上部，帮助提高重心，一手杠下顶肩，以防落下。前滚换握时，两手在杠下托其背和腰部，以防背部下降，帮助前滚成分腿坐。

7．分腿坐慢起肩倒立

由分腿坐开始，两手在靠近大腿处撑杠，上体前屈，屈臂用力，肘稍内夹，梗颈含胸，收腹提腰使臀部上升。当肩触杠时，两肘外张，用三角肌压杠，两手虎口稍外旋，身体重心落在两手、两肩的支撑面内，两腿从两侧上举并拢、立腰、伸髋成肩倒立姿势。

保护与帮助：保护者站在杠侧，一手在杠下托练习者肩防止下落，一手托其大腿帮助提高重心，保持平衡。初学者可两人保护，另一人站在杠中，当臀上升肩要触杠时扶其腰部，防止前倒。

8．女生成套动作

杠端站立——跳上支撑前摆成分腿坐——分腿骑坐前进一次——两手体前换握——两腿向杠内摆越——支撑前摆成外侧坐——外侧坐向前跳下。

9．男生成套动作

杠端站立——跳上支撑前摆成分腿坐——分腿坐慢起成肩倒立——前滚翻成分腿坐——分腿骑坐前进一次——两手体前换握，两腿向杠内摆越——支撑前摆下。

10．创新的训练方法

（1）分解辅助法

分解辅助法大多采用单个动作的前半个动作、后半个动作与完整动作相结合的练习方法。例如双杠倒立支撑摆动技术，在完整的支撑摆动中，最关键、最难掌握的技术是从倒立开始的下摆，所以在练习中应该将动作分解开来进行练习，首先教练员或帮助者帮助练习者在双杠上倒立，以体会杠上倒立的肌肉用力大小的感觉，然后在无人帮助下，练习者进行体会小支撑摆动的肌肉用力大小、节奏等感觉的辅助练习，待各种辅助练习成熟后才可进行完整的大幅度练习。

（2）直观法

通过示范、图解、模型、录像等视觉分析将动作过程采用完整、分解、重点、比较的示范方法进行肌肉用力感觉的练习。可使用完整示范对单个动作、联合动作和成套动作的各种肌肉用力感觉进行指导，使练习者理解并掌握。使用分解示范要先从视觉上对练习者将要做的动作进行分析，以促进肌肉用力感觉方法的理解。重点和对比示范是对动作的重点部位和出现错误的地方进行正误对比来帮助练习者掌握肌肉用力感觉。图解、模型、录像可使练习者了解自己肌肉用力感觉出现问题的地方和重点用力感觉所在。

（三）支撑跳跃

1."山羊"分腿腾越

"山羊"高 100～110 厘米（女生）。助跑上板有力踏跳，跳起后含胸，上体稍前倾和稍屈髋向前上方腾越。两臂主动前伸撑"山羊"，同时紧腰固定髋关节。手撑器械时，在肩未过支撑点垂面之前，两臂迅速向前下方猛力顶肩推手，同时两腿侧分前摆。接着迅速制动腿，上体抬起，挺身落地。

保护与帮助：保护者站在练习者落地点一侧，一手扶腹，另一手扶背。保护者正面两脚前后开立，手握练习者两上臂（顶肩），顺势上提，同时前腿随练习者落地而后退。

2．横箱分腿腾越

箱高 110～115 厘米（男生），基本同"山羊"分腿腾越，但分腿应稍大些。

保护与帮助：同"山羊"分腿腾越。

3．创新的训练方法

（1）渐进法

渐进法是指训练方法与手段进行创新时，教练员一点一点地改进原来已有的训练方法与手段，最后成为一种新的、科学的方法。这种方法是在新的运动训练理论与方法的提示下，经过多种训练方法与手段的改进，变为一种新的、更为实用的方法与手段。支撑跳跃专项助跑训练方法，从刚开始的仅用一般训练方法，到与技术动作的结合，最后到与成套动作的结合，既增加运动员的专项机动性，又提高了成套动作的熟练性和成功率。

（2）移植法

移植法也是支撑跳跃中应用到训练实践而起到良好作用的创新方法。例如心理训练法、监控训练法都是心理学、技术科学中移植过来的，它们的应用都对提高支撑跳跃训练水平起到了较大作用。

二、健美操

健美操是在音乐的伴奏下融体操、舞蹈、美学为一体，以有氧运动为基础，以健、力、美为特征的一项新兴体育运动。健美操的动作有内容丰富、变化多样、新颖独特的特点。各种动作充分展现出刚劲有力、动感、韵律、协调、优美等健美气氛。经常从事健美操练习，不仅能使人体健美，而且能培养人的协调性、灵活性和乐感，同时还可以使人心情舒畅、情绪饱满、富有活力，从而达到健身健体、陶冶心灵的目的。

（一）手型

健美操手型主要有掌和拳两种。

掌：包括分掌、合掌。

分掌：五指用力分开，手腕保持一定的紧张程度。

合掌：五指并拢伸直。

拳：五指弯曲紧握，大拇指压在食指弯曲部位。

（二）站立

1. 立

直立：指头颈、躯干和脚的纵轴保持在一条直线上。

点地立：指一腿直立（重心在站立脚上），另一腿向各方向伸直，脚尖点地。包括前点立、侧点立、后点立。

2. 弓步

指一腿向某方向迈出一步，膝关节弯曲成90°左右，膝部与脚尖垂直，另一腿伸直。包括左、右腿的前、侧、后弓步。

3．跪立

指大腿与小腿成直角的跪姿。包括双腿跪立、单腿跪立。

基本站立的动作要求：站立时，头正直，上体保持挺直、沉肩、挺胸、收腹、收臀、立腰、立背、直膝。

弓步时，前弓步和侧弓步的重心在两腿之间，后弓步的重心在后腿。提踵立时，两腿内侧肌群用力收紧，起踵越高越好。

（三）身体各部位基本动作

1．头、颈部动作

屈：指头颈关节的弯曲。包括向前、后、左、右的屈。

转：指头颈部绕身体垂直轴的转动。包括向左、右的转。

绕和绕环：指头以颈为轴心的弧形和圆形运动。包括左、右绕和左、右绕环。做各种形式头颈动作时，上体保持正直，速度要慢，头颈移动的方向要准确，颈部被动肌群充分伸展。

2．肩部动作

提肩：指肩胛骨做向上的运动。包括单肩、双肩的同时提和依次提。提肩时尽力向上，沉肩时尽力向下，动作幅度大而有力。

沉肩：指肩胛骨做向下的运动。包括单肩、双肩的同时沉和依次沉。

绕肩：指以肩关节为轴做小于360°的弧形运动。包括单肩向前、后绕，双肩同时或依次向前、后绕。绕肩时上体不能摆动，两臂放松，头颈不能前探；动作连贯，速度均匀，幅度较大。

肩绕环：指以肩关节为轴做360°及360°以上的圆形运动。包括单肩向前、后绕环，双肩同时或依次向前、后绕环。

振肩：指固定上体，肩急速向前或向后的摆动。包括双肩同时前、后振和依次前、后振。振肩动作要有速度、力度和弹性。

3．上肢（手臂）动作

举：指以肩为轴，臂的活动范围不超过180°而停止在某一部位的动作。包括单臂和双臂的前、后、侧，以及不同中间方向的举（如前上举、侧上举等）。

屈：指肘关节产生了一定的弯曲角度。包括头上屈、头后屈、肩侧屈、肩上侧屈、肩下侧屈、肩上前屈、胸前屈、胸前平屈、腰间屈、背后屈。

绕：指双臂或单臂向内、外、前、后做180°～360°的弧形运动。

绕环：指以肩关节为轴，双臂或单臂做向前、向后、向内的绕环。

摆：指以肩关节带动手臂来完成臂的摆动动作。包括单臂和双臂同时或依次向前、后、左、右的摆。

振：指以肩为轴，手臂用力摆至最大幅度。包括上举后振、下举后振、侧举后振。

旋：指以肩或肘为轴做臂的旋内或旋外动作。

4. 胸部动作

含胸：指两肩内合，缩小胸腔。

展胸：指两肩外展，扩大胸腔。

移胸：指髋部固定，做胸左、右的水平移动。

练习时，收腹、立腰，含、展、移胸要达到最大限度。

5. 腰部动作

屈：指下肢固定，上肢沿矢状轴和水平轴的运动。包括前、后、左、右的屈。

绕和绕环：指下肢固定，上体沿垂直轴做弧形和圆形运动。包括左、右绕和绕环。

练习时，身体远端尽力向外延伸，绕环幅度要大而连贯，速度放慢。

6. 髋部动作

顶髋：指髋关节做急速的水平移动。包括前、后、左、右顶髋。

提髋：指髋关节做急速向一侧上提的动作。包括左、右提髋。

摆髋：指髋关节做钟摆式的连续移动动作。包括左、右侧摆和前、后摆。

绕髋和髋绕环：指髋关节做弧形、圆形移动。包括向左、右的绕和绕环。

动作要求：髋关节做顶、提、绕和绕环时应平稳、柔和、协调，稍带弹性，上体要放松。

7. 下肢动作

滚动步：两脚同时交替做由前脚尖至全脚掌依次落地动作。

交叉步：一脚向另一脚前或后交叉行进。

跑跳步：两脚交替进行，跑后支撑阶段有一次跳的过程。

并腿跳：双腿并拢，直膝或屈膝跳。

侧摆腿跳：单腿跳起，同时另一腿向外侧摆动。

（四）创新的训练方法

1. 瑜伽训练法

瑜伽是通过身体、动作、思想和呼吸相互联系，产生一种平衡、放松、和谐的感觉。瑜伽比较侧重力量、柔韧性、耐力的培养锻炼，尤其是力量和耐力，同时注重呼吸的配合，体式之间的衔接给人一气呵成之感。瑜伽对竞技健美操运动员的力量、柔韧性、平衡性具有显著的效果。瑜伽很多姿势使肌肉、韧带产生张力，同时肌肉等长收缩，深度拉长肌肉，让肌肉根富有活力不易变硬，提高练习者的兴趣。瑜伽的放松术有安静神经的功效，能在最短时间内消除疲劳，消除由于平时专业训练带来的忧虑，消除郁闷与紧张，减轻生活和训练带来的各种压力，使人心态平和。瑜伽通过体位法的串联结合呼吸与冥想的运用来修复身心疲劳，有利于提高平时专业训练的效果。

2. 表象训练法

在健美操教学过程中，运动员进行表象训练，在回放动作和默念要领的过程中，能产生"身临其境"的感觉，其大脑较快地建立精确的抑制过程，使运动员对动作的控制能力加强，做动作也变得较为流畅、准确，增强了学习效果，提高了运动员的学习效率，缩短了运动技能形成的泛化阶段，使运动员能较快掌握动作，形成了初步的动力定型，提前进入运动技能形成的分化阶段。

通过表象训练可以扩大运动员的注意范围，使视觉作用减弱并加强了动觉控制作用，运动员可以对练习中所出现的不准确或变形动作进行自觉调整和纠正，达到较好的学习效果。

第五章 体育竞赛概论

第一节 体育竞赛的构成与特征

一、体育竞赛的概念

从狭义层面来看，运动竞赛是根据各运动项目特定的评定行为，为争取优胜而专门组织实施的竞技能力之间相互较量的方式。运动竞赛伴随着运动员的竞技能力相互较量的结果——运动成绩的产生而结束。运动成绩要想得到社会认可，必须在专门组织的正式比赛中表现出来。

从广义层面来看，运动竞赛不仅仅是运动成绩的评定、比赛或展现的方式，还是一种多功能和多形态的社会现象，对社会的精神文明建设具有特殊的作用。运动竞赛的成绩不仅反映参赛者的竞技能力和竞技水平，而且反映所在国家或地区的政治、经济、文化和科技的综合水平。

除此之外，从运动竞赛的形式，就体育竞赛概念而言，体育竞赛是指以体育运动项目为主要内容，在裁判员主持下，依据统一的规则组织与实施的运动员个体或运动队之间的竞技较量。从其概念内涵来说，第一，体育竞赛是一场竞技较量。运动员（或队）在比赛中表现出的竞技水平，主要取决于自身所具有的竞技能力以及比赛时的发挥程度。在运动员竞技水平相对不变的前提下，遇到较弱的对手，可能取得比赛的优胜以及好的名次；若遇到强劲的对手，则又会遭到失败，只能取得差的名次。第二，体育竞赛必须有若干参加者。参加者可以是运动员个体，也可以为运动员集体。不同比赛的参加者数量有很大的区别。第三，体育竞赛必须按事先规定的统一规则进行。竞赛规则是竞技体育比赛的规范与准则，它规定了参赛者的条件，制约着参赛者在比赛中的行为，保证比赛的顺利进行，是每个参赛者都必须遵守的法则。只有按统一的规则进行比赛，才能保证运动员竞技的可比性和竞争的公平性。第四，体育竞赛由裁判员主持进行。裁判员是竞赛规则的执行者，对比赛的计划做出安排，对比赛的进程进行监督，对比赛的结果进行裁决。裁判员的道德水平与业务水平常常严重地影响着其执行裁判职责的质量。裁判员出现有意或无意的错判，都会给比赛的结果带来不利影响。

二、体育竞赛的构成因素（见图 5－1）

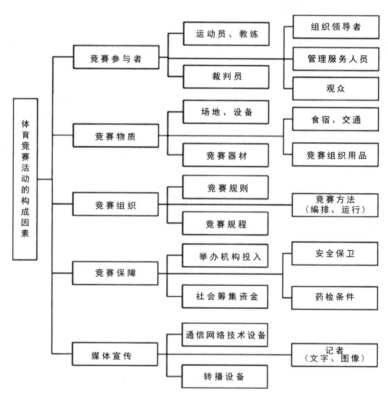

图 5－1　体育竞赛的构成因素

（一）竞赛活动参与者

参与竞赛活动的人群包括参赛运动员、教练员、裁判员、组织领导者、服务管理者和观众等，其中最为核心的、不可缺少的是参赛者。其他参与竞赛活动人群的一切活动都是为使参赛者更成功、更出色地进行竞技较量服务的。简单的初级形式的比赛不一定包括所有人员，但是阵容越完整，比赛越完善、越精彩。

（二）竞赛物质条件

竞赛的物质条件有竞赛的场地，必需的设备、器材，以及供参赛者的食宿和交通等。竞赛物质条件的优劣对于创造运动成绩的好坏是非常重要的。一般来说，水平越高的参赛者对竞赛的物质条件要求越高。

（三）竞赛组织

竞赛的组织委员会是竞赛管理的核心，它管理着竞赛规则、竞赛规程和组织编排、组织运行等各个方面，同时对竞赛参与者的资格认定、成绩的纠纷和纪录审定、新闻发布等负有责任。

（四）竞赛保障

竞赛保障主要包括必要的资金投入、安全保卫和药检等。竞赛保障的建立对于竞赛能否按期顺利进行，能否使竞赛参与者满意以及运动成绩的确认至关重要。随着我国社会主义市场经济的深入和社会条件的改善，现在举行一次大型竞赛活动需要投入相当多的费用，为此，竞赛组委会必须走市场化、社会化的办赛之路。

（五）媒体宣传

媒体宣传的作用在大型体育竞赛中显得越来越重要，它不仅保证每个运动员（队）代表的国家和地区的观众能及时了解比赛的战况，而且对宣传运动员不屈不挠、顽强拼搏的精神和协助判定成绩的公平性起到较好的作用。

三、体育竞赛的特征

（一）参赛目标的竞争性

竞争是一种较为普遍存在的社会现象，优胜劣汰是自然界和人类赖以进步的客观规律。体育竞赛中的竞争是社会竞争的一种基本形式，竞争的目标是为击败其对手，最终获得比赛的胜利。体育竞赛具有强烈的排他性，其竞争的结果是只产生一个优胜者。这就要求参加竞争者通过训练，不断提高自身的体能、心理水平，增强自身的战术意识和团队精神，以及把握机遇的能力。体育竞赛强调公平竞争，奥林匹克精神所倡导的"重要的不是获胜，而是参与"与之是不矛盾的，该精神提倡的是参与竞赛的态度和前提，并非追求竞赛的结果。如果只有参与竞赛的激情，而没有竞赛过程中的拼搏进取的意识，那就失去了运动竞赛的本质意义。

（二）参赛目的的综合性

任何一场比赛，不论参赛者有多少，竞赛结束时，只有极少数的选手能够成为优胜者，优胜者享有巨大荣誉，并获得相应的经济收益，尤其是奥运会等重大的综合性比赛。因此，参赛选手们都竭力争取比赛的胜利，将其作为参加训练和比赛的最高目标。由于体育竞赛具有的社会功能和对竞技体育特殊的作用，使得参赛的动机变得具有多重性和复杂性。例如，有通过体育竞赛来增强国家与国家之间、民族与民族之间的交流，缓解相互间的矛盾的；有为树立国家或地区在世界上的地位与威望的；有为国家或地区争得荣誉的；有为证实自我价值的；还有为了切身利益的；等等。然而，无论竞赛要达到何种目的，获胜并取得优异成绩仍是最根本和最直接的目的。绝大多数的目的都必须通过"获胜"这一目的的达到才能实现。

（三）竞赛对抗的激烈性

体育竞赛是运动成绩评定和比较的方式，也是竞技体育领域中独特对抗的调节方式。运动成绩是比赛的结果，而这种结果则是在对抗过程中产生的。现代体育竞赛对抗的激烈程度是有目共睹的，原因有：一是随着现代科学技术的普及和情报收集的完整，任何提高运动成绩的方法难以成为秘密，某一先进的训练方法很快就会得到推广；二是科学训练的程度有了质的变化，在某些项目中，过去被称为人类"极限"的成绩相继被打破，因为现代体育竞赛的社会功能所带来的效益如此之大，以至于不少国家专门制定了"奥运战略"这样的"举国体制";四是运动员、教练员如果在竞赛中获胜,可以获得丰厚的物质奖励和殊荣,有时一场比赛的胜负就可决定运动员、教练员的一生;五是由于媒体的操作,使得体育竞赛的激烈程度不断增强。这些原因无疑成为体育竞赛中激烈对抗强的刺激因素。

(四)竞赛条件的制约性

对竞赛行为、竞赛条件予以严格的制约,是体育竞赛与自发的游戏和个体自身的运动行为的一个很重要的区别。为了使体育竞赛能够顺利进行,必须建立相应的结构体系与运行机制。这一体系及机制对参与竞赛活动的所有人群(首先是参赛运动员)和整个的工作提出了严格的制约条件,使比赛按预定的规程予以组织,按统一的规则顺利进行。比赛规则对竞赛的进行有着明显的制约作用。

(五)竞赛过程的随机性

体育竞赛的全过程充满着动态的变化,而且这些变化常常是事先无法预料的。双方同时出场的直接对抗性的比赛过程尤其如此,比赛的双方都在不断地观察比赛场上的形势,并及时采取新的技战术措施,力求抑制对方所具有的技战术优势及各种竞技能力的发挥,对方也是如此。这就构成了竞技场上不断变化发展的尖锐矛盾与激烈斗争。

(六)竞赛结果的不确定性

体育竞赛的结果同样表现出随机性的特征。不仅各种对抗性运动项目的结果难以预测,即使比赛的竞技水平可以被准确、客观测量的体能主导类项目(如跑步、游泳、举重)的比赛结果也具有很强的不确定性。

(七)竞赛信息的扩散性

随着社会的发展,各类体育竞赛的战况及结果已成为人们业余文化生活的重要组成部分,加之体育竞赛的商品价值的开发,人们对体育竞赛的关注程度日趋增高。为此,竞赛信息具有迅速扩散的特性:一是因为运动竞赛的结果为人们所密切关注；二是现代化传播组织拥有高效率的信息传播手段；三是体育社会化与商品化的需要，为公司和企业投资竞赛活动提供了条件；四是体育职业化的必然选择，各类体育俱乐部联赛、大奖赛、系列赛的出现，为体育信息的扩散增添了商业价值；五是运动竞赛信息扩散的手段主要依靠影视手段（录像、电视、网络视频、手机视频传输等）、文字手段（成绩册、报纸、杂志等）以及语言手段（广播等）。

（八）竞赛成绩的可比较性

尽管运动竞赛发生的时间、地点不同，但是对于同一级别、类型的国际运动竞赛或一场正式比赛，由于预先对运动竞赛的各种条件的严格规定和规范，使得各项目运动员在条件均等的情况下参加比赛，其所创造的成绩是可比的。比如对运动员参赛资格的认定，包括运动员年龄、性别、运动级别、成绩资格等条件的限定，以及对比赛场地、器材、地理气候、裁判员水平、记录成绩的评定手段、竞赛规则执行标准等条件的认定。这些条件对于参赛运动员都是公平的。

第二节　体育竞赛项目及分类

一、体育竞赛项目的分类

依据不同的分类标准，可以对竞技运动项目进行不同的分类；不同项目体育竞赛的结果是运用不同的评定方法予以确定的，这些不同的评定方法又都反映着各个项目本身固有的特点，因此，依据运动成绩的评定方法建立竞技项目的分类体系，对竞赛规则的制定与改进以及竞赛活动的组织进行都有着积极的作用。下面介绍几种主要的分类方式。

（一）依据运动成绩评定的方法分类

依据运动成绩评定的方法，可将竞技运动项目分为测量类、评分类、命中类、制胜类和得分类五种类型（见表5—1）。

表5-1　按运动成绩评定方法对体育项目的分类

运动项目	测量类	田径、游泳、速滑、滑雪、自行车、划船、举重、射击、射箭
	评分类	体操、艺术体操、跳水、花样游泳、马术、武术、花样滑冰、蹦床
	命中类	篮球、手球、足球、水球、曲棍球、冰球、击剑
	制胜类	摔跤、柔道、拳击、跆拳道、散手
	得分类	乒乓球、羽毛球、网球、排球、沙滩排球

1. 测量类竞赛项目

测量类竞赛项目的运动员，在比赛中所表现出来的竞技水平的高低可以客观准确地予以测量。测量指标包括速度指标（时间）、距离指标（远度与高度）、重量指标与环数指标。电子测时系统的研制与应用大大提高了竞速项目成绩判定的准确性。

2. 评分类竞赛项目

由裁判员根据比赛规则确定的标准和方法对运动员在比赛中的成绩给予评分，按分数的高低排列其名次。在水上、陆上、冰上、雪上、床上（如蹦床）等多种场地进行比赛的技能类项目都属于此类。武术中的套路比赛亦属评分类。

3. 命中类竞赛项目

命中类项目比赛中，计算命中对方防守的特定目标区域的次数，命中数多者获胜。篮球的球筐，足球、手球、冰球、水球、曲棍球的球门，以及击剑、拳击选手身上的有效得分区都属计分的目标区域。大多数项目赛中，命中一次得一分，在篮球比赛中，为了区别不同位置及不同条件下投篮命中难度的不同，每次投中分别可得1~3分。

4. 制胜类竞赛项目

此类项目评定运动成绩的方法较为特殊。在一般情况下，与命中类项目一样，比赛中命中对手设防的特定区域即可得分，最后按得分多少决定胜负。但若在拳击比赛过程中出现将对手打倒在地定时不起或柔道中的"一本"胜利等情况时，则可判为绝对胜利，也就不再去计算比较双方命中得分的情况了。

5. 得分类竞赛项目

隔网比赛的乒乓球、羽毛球、网球及排球均属得分类竞赛项目。依比赛得分的多少（表现为比赛中的一方若先获得规定的取胜分）判定比赛的胜负。比赛中的得分手段既包括运动员主动进攻，将球击落命中于对方设防的特定区域，也包括对方失误的送分。

（二）按体育竞赛结果的比较方式对运动竞赛项目的分类

按照竞赛的性质，可以将其分为竞争类和对抗类比赛两种，其中竞争类项目可按项目的特点，分为以时间、距离、重量、评分等指标来划分项目；对抗类项目可按同场或隔网、人数的多少来划分（见表5−2）。

表5−2　体育竞赛结果的比较方式对运动竞赛项目的分类

类别	参数	项目
竞争类	时间	以少取胜：径赛项目、自行车、滑雪、速度滑冰、划船等 以多取胜：航空模型
	距离	以大取胜：田赛项目、高台滑雪等 以小取胜：射击，射箭，定点跳伞等
	重量	以重取胜：举重、力量举等 以轻取胜：（暂无此类项目）
	分数	以大取胜：体操、跳水、花样游泳、艺术体操、武术、花样滑冰等 以小取胜：健美、障碍赛马等
对抗类	个体	同场对抗：击剑、拳击、摔跤、跆拳道、散手等 隔网对抗：台球单打、乒乓球单打、羽毛球单打等
	偶体	同场对抗：地掷球双打，牌类的对抗赛等 隔网对抗：网球双打、乒乓球双打、羽毛球双打、沙滩排球等
	集体	同场对抗：篮球、足球、冰球、水球、曲棍球等 隔网对抗：排球、藤球、毽球等
	团体	同场对抗：击剑团体赛、棋类团体赛等 隔网对抗：乒乓球团体赛、羽毛球团体赛、网球团体赛等

（三）按体育运动竞赛的方法对体育竞赛项目的分类

体育竞赛的各类小项目，夏季和冬季加起来共有 300 多个，这些项目虽各有特征，却有着共同的特点。根据共同特点可将所有运动比赛项目的竞赛方法划分成如下几类。

1. 直接对抗性项目

直接对抗性竞赛项目有篮球、足球、排球、手球、曲棍球、网球、羽毛球、乒乓球等各类球类项目和拳击、摔跤、击剑、柔道等重竞技个人项目。这类竞赛项目比赛时，裁判员按照规则规定的条件来判断运动员的得分或失分，作为衡量比赛或成绩的依据，判断比赛的胜负。

2. 对比性竞赛项目

对比性竞赛项目有体操、艺术体操、跳水、花样游泳、花样滑冰等。这类项目性质是对比，所以要求运动员按规定条件和动作质量来完成比赛的技术动作，比赛中强调动作难度、美观和富有艺术性。

3. 纪录性竞赛项目

纪录性竞赛项目有田径、游泳、举重、射击、射箭、划船、赛艇等。这类项目计算成绩有客观指标，以时间、距离、重量、命中率等作为具体指标评定运动员的名次，并设立世界和奥运会等各种不同等级的纪录。

4. 综合性竞赛项目

综合性竞赛项目是将对比、纪录性等竞赛项目综合起来而形成的一种全能项目，如现代五项，其中游泳、射击、越野跑为纪录性项目，击剑为对抗性项目，马术为对比性项目。这类综合性竞赛项目将各种项目的比赛成绩根据规则规定的折分表，换算成分数，最后以总分来评定运动员的比赛名次。

二、体育竞赛的分类

依据不同的分类标准，可建立不同的体育竞赛的分类体系。

（一）按照比赛不同的对象与标准进行的分类

1. 依据比赛参加者的年龄，可分为儿童比赛、少年比赛、青年比赛、成年比赛和老年比赛等。

2. 依据参赛者的行业，可分为职工运动会、农民运动会、军人运动会、学生运动会等。

3. 依据参加者身体健康状况，可分为正常人比赛、残疾人比赛和智障人比赛。

4. 依据比赛所包含项目的数量，可分为综合性比赛及单项比赛等。

5. 依据比赛的组织形式，可分为集中组织的比赛和分散组织的比赛等。

6. 依据竞赛的制度化程度，可分为非正式的竞赛、半正式的竞赛、正式的竞赛、职业竞赛等。

（二）按照比赛的规模对比赛进行的分类

1. 基层单位比赛：学校、厂办、街道、机关等组织的比赛。

2. 地区性比赛：按行政计划组织的区、县、市、省级比赛。

3. 全国性比赛：包括全国性综合运动会、单项运动会，全国性行业、部门运动会等。

4. 国际比赛：包括地区性国际比赛及组合式国际比赛。

5. 洲际比赛：如亚运会、非运会、北美加勒比海地区运动会等。

6. 世界大赛：主要包括奥运会、世界锦标赛及世界杯赛，通常2年或4年举行一次。另外，还有多项目的系列大奖赛及某些项目的特定比赛。如F1一级方程式汽车拉力赛、"苏迪曼杯"羽毛球比赛。

（三）按照比赛的性质与任务对比赛进行的分类

1. 运动会：不同参赛国家、地区或行业竞技运动实力的综合较量，特点是项目多、规模大，大多一年或几年举办一次。

2. 冠军赛或锦标赛：一定范围、一定规模的单项比赛。我国体育竞赛将不同项目据性质不同而分为一类、二类比赛。竞技体育管理部门更加关注的是全国一类比赛（最高水平的比赛）。

3. 对抗赛：由两个或两个以上单位联合举办的对抗性计分比赛，以促进强化训练，提高专项水平为主要目的。

4. 邀请赛：一个单位主办，邀请其他单位参加的竞赛。通常依主办者竞技发展的需要（或准备参加洲际级、世界级大赛，或重点提高某一项目的竞技水平）而举办。

第三节　体育竞赛的价值与功能

一、体育竞赛的价值

（一）竞技价值

体育竞赛是参赛者竞技能力的较量，参赛者通常都以取胜为参赛目标。在比赛中都会全力以赴，力求最大限度地发挥自身所具有的各种竞技能力（包括体能、技能、心理能力与智能）。因此，运动员在体育竞赛中将最大限度地动员机体的潜力参与角逐，并承受着最大强度的运动负荷。处于高度动员状态的运动员的竞技能力能够得到更好的锻炼，更集中发挥，而且往往会通过一次次的比赛，逐步提高到一个新的水平。就体育竞赛自身的意义来说，可以认为竞技价值是其第一位的价值。

（二）健身价值

健身价值可从两个方面来说明：一方面，作为运动训练的一个重要组成部分，体育竞赛的参加者在竞赛中要承受较大的运动负荷，这就对参加者的机体施加相应的刺激，从而促使机体的不断强壮，使身体更加健壮、健美。另一方面，健身价值在群众性健身体育活动中的体育竞赛更加突出。体育竞赛以其活动的竞争性、取胜目标的强烈吸引力、比赛形式的生动活泼而更能够激发广大体育爱好者的参与动机，甚至常常会吸引一些很少进行体育锻炼的人参与比赛中。显然，体育竞赛在普及群众性体育健身活动，促进全民健身计划的实施方面具有很高的社会价值。

（三）观赏价值

不论是优秀选手参加的竞赛，还是体育健身活动爱好者组织的竞赛，都有着很高的观赏性。这是因为：在现代竞技体育运动一百余年的发展历程中，经过不断的优胜劣汰，人们选择了那些有着优美表现形式，有着巨大吸引力的运动项目，人们在观看这些运动项目的竞赛时，在看到运动员完成各种运动技巧时，受到美的陶冶，得到美的享受。

（四）社会价值

社会对竞技体育给予巨大的投入，自然要求竞技体育予以相应的回报。这一回报在很大程度上是通过优秀选手们在体育竞赛中的杰出表现而体现出来的。得到财力雄厚的公司、企业赞助的选手的竞赛结果，自然会对这些公司、企业事业的发展产生巨大的推动作用。

围绕着现代体育竞赛的经济活动是多领域、多渠道、多层次的。如广告宣传、比赛彩票、专用赞助等。近年来，电视转播费不断上涨，已成为重大比赛重要的经济来源。尤其是奥运会的电视传播权的出售，对于国际奥委会的经济来源和组委会办赛是一笔非常可观的资金。

（五）宣传价值

体育竞赛具有蓬勃的生命力。运动员在竞赛中风格各异的表演，竞赛各方激烈的角逐对抗，竞赛过程的千变万化，都会引发观众情绪的起伏激荡。一场重要比赛的实况转播，往往有千万人在同时收看，人们关心着明星的表演，关注着比赛的结果，这就为传播媒介的宣传提供了广阔的市场。体育竞赛的政治功能、经济功能、文化教育功能也因此得到进一步发挥与体现。运动竞赛除了这些主要价值之外，还有社会价值、教育价值等。

二、体育竞赛的功能

（一）体育竞赛的政治功能

竞技体育作为社会文化的组成部分是由运动员选材、运动训练和运动竞赛三部分组成的，其中的运动竞赛已经对人类赖以生存的社会产生了很大的影响。一个国家在国际比赛中所取得的成绩，不仅能振奋民族精神，激发人民群众的爱国热情和民族自豪感，而且在一定意义上反映了一个国家的政治、经济、科学文化状况和发展水平，对于确立本国在世界上的威望与地位十分重要。不同的国家、不同的民族、不同发达程度的国家和地区的运动员，在公平竞争的原则下，本着"更快、更高、更强"的奥林匹克精神，站在同一竞技场上，往日的隔阂已被和平、团结所代替。奥运会已被公认为当今世界上规模和影响力最大的社会文化运动，举办奥运会对建立一个更加和平、更加美好的世界做出了重要贡献。

（二）体育竞赛的经济功能

当今世界的体育竞赛与经济已密不可分。奥林匹克运动是人类运动精神的体现，挑战人类自我极限是我们必须坚守的。但是，体育离不开商业的支持，需要运用商业的手段进行市场开发，以保证全世界人民的体育盛会——奥林匹克运动会的持续进行，因此，体育在与商业同行之中，一方面要保持自身的独立性，不能为商业所支配；另一方面要与商业很好地配合，获得双赢的效果。

（三）体育竞赛的文化教育功能

体育竞赛已在人类生活中扮演着重要角色，它对人类的生活改变起到了较大的作用。对于体育竞赛参与者来说，在竞技项目较量过程中身心经受着疲劳、冒险、疼痛、失败、胜利、喜悦和自豪等真实的感受，使运动员可以在自我发现、自我发掘、自我否定过程中逐渐成熟起来，这蕴含着丰富的生物学、心理学和美学的教育。不仅观众可以从激烈的竞赛中得到优美、协调、节奏、崇高、悲壮与谐趣等美的感受，而且一些优秀运动员已成为青少年崇拜的偶像，他们会用运动员的行为与精神鼓励和鞭策自己。

（四）体育竞赛的科技功能

科学技术对于体育竞赛和成绩提高的作用是众所周知的。从外部而言，大众传播媒介从卫星转播、互联网和手机上传递比赛的资讯，充分体现了高科技的含量。从内部而言，运动成绩的提高与评定手段、场地、器材等条件的改善有着密切的关系，而这些条件的改善离不开科学技术的进步。随着科学技术的日益发展，在大型体育竞赛活动的组织与管理中，高科技的运用（如计算机应用、软件开发、多媒体技术、数码技术等）越来越广泛，效果也越来越明显。

第四节　体育竞赛的原则

体育竞赛的原则是教练员和参赛者在比赛中必须遵循的基本准则。它是体育竞赛客观规律的反映，也是体育竞赛的实践经验的概括和总结。体育竞赛的原则主要有恢复性原则、诱导性原则、创新性原则、协作性原则、国际化原则、育人性原则、公正性原则、均等性原则、权威性原则、统一性原则、健康性原则等。

一、恢复性原则

恢复性原则是指运动员在赛前采取积极有效的生理、心理和社会方面的恢复措施，解除身心疲劳，形成理想竞技状态的竞赛原则。其中解除身心疲劳，为形成理想的竞技状态奠定基础是恢复性原则的本质。在高水平的运动竞赛中，运动员若想获得理想的竞技状态，赛前必须做合理调整，促进身心恢复。

二、诱导性原则

诱导性原则是指赛前教练员采取间接性的语言和改变环境等措施，潜移默化地促进运动员形成良好竞技状态的竞赛原则。其核心是教练员对运动员实施间接性的心理作用，以求产生良好的赛前状态。

三、创新性原则

体育竞赛的创新性原则是指运动员在比赛中，运用已掌握的运动知识和技能，创造出新的技术和战术，从而提高取胜概率的竞赛原则。其核心是通过技术和战术的创新取胜。在技术和战术比较复杂的运动项目的比赛中，如果没有技术和战术的不断创新，就很难取胜。

四、协作性原则

体育竞赛的协作性原则是指在比赛过程中，运动员要用自己理智的言行、正当的手段去感染队友、对手、裁判员和观众，以求优化竞赛环境，得到周围人支持和配合的竞赛原则。其核心是协作取胜。

因此，在比赛中，教练员和运动员通过正常的渠道去努力开创一个宽松和谐的竞赛环境是十分重要的。

五、国际化原则

体育竞赛的国际化原则是指运动竞赛的组织者和参赛者，必须按照国际奥林匹克运动竞赛的规则及其要求去组织或参加比赛的竞赛原则。其核心是比赛思想和行为必须与奥林匹克运动的要求统一。这是面向未来培养具有国际竞技视野和竞技能力的高水平竞技者所必须遵循的重要原则。

运动员一定要适应国际比赛的要求和一些国际惯例要求。尤其是当今我国的运动竞赛已经逐步转向市场经济的经营方式，更要注意坚持国际化的竞赛原则。

六、育人性原则

育人性原则是指在比赛中要求运动员和工作人员，必须在认真遵守竞赛规则和社会道德标准的前提下，进行公平竞争的竞赛原则。其核心是平等竞争。

育人性原则要求裁判员在比赛中必须严格掌握评判的统一尺度，无私准确地进行现场工作；要求运动员在比赛中不能有投机取巧的行为。因此，为强化运动竞赛育人的作用，必须在比赛中坚持公平竞争的育人原则。

七、公正性原则

现代体育竞赛模拟了人类的法治社会。人们一旦踏进这个小小的"社会"，就会心悦诚服地遵守它的各项"法律"——竞赛规则。它要求每个参加者珍惜自己获取胜利的权利，同时承担义务，制约自己，让对手尽其所能。只有双方都遵守规则，规范自己的行为，竞赛才得以进行下去。1987 年国家体委把"公正竞赛，团结拼搏"确定为我国运动队伍的体育道德准则，足见公正性原则在竞赛中的重要性。

八、均等性原则

体育竞赛的参加者，只有在竞赛条件均等的情况下，才能真正体现孰强孰弱，也只有如此，才能使参加竞赛的双方对比赛结果心悦诚服，取得"胜固可喜，败亦欣然"的效果。现在各运动项目的竞赛规则都明显地体现了这一精神。有些项目是以单位的时间、重量、距离、命中环数来计算。譬如，田径运动中的 3000 米障碍赛跑，比赛条件对每个运动员都是均等的，跑程都是 3000 米，都要跨越 35 次栏架，都要越过7 次水池等，这些运动成绩的评定，不仅以获得优胜的事实来评定，同时也直接根据运动员实际达到的成绩来评定。

九、权威性原则

为保障体育竞赛的顺利进行，所有竞赛参加者都要严格遵守统一的规则和规程，现代体育模拟了人类的法治社会。各项竞赛规则和规程在体育竞赛中具有"法律"的效力，具有极强的权威性。所有的参赛者，都必须在它允许的范围内进行公平合理的竞赛。裁判员是运动场上竞赛规则和规程的执行者，所以，裁判员凡符合竞赛规则和规程的判决，是权威性的结果，任何人均无权干预和擅自改变裁判员已做出的判决。

十、统一性原则

体育竞赛项目种类繁多，因此，对其胜败优劣和成绩的评定，也因项目而异。但这些项目都有一个共同的特点，就是评定标准的统一性。在用主观记分法评定竞赛成绩的项目中，如体操、花样滑冰等评分类项目，是通过竞赛组织者统一的规定动作和自选动作评分标准进行的，对同一竞赛的参加者都是统一的。在用客观标准法评定竞赛成绩的项目中，如田径、举重、射击等，时间、重量、命中环数是统一的标准，所以，不但可以评定同场参加竞赛者的优劣，还可以评定不同时间、地点同类竞赛参加者的优劣，既可作横向比较，又可作纵向比较。

十一、健康性原则

体育竞赛必须符合体育运动的宗旨——增进人们的身心健康。在体育竞赛中，任何与运动员、观众的身心健康因素相悖的都要摒弃。首先，体育竞赛的形式和内容要健康，有利于社会主义精神文明建设。其次，运动项目的设置要适合参赛者的年龄、性别和生理特征，不能使健康遭受损害，儿童和少年运动员尤其不可忽视。最后，比赛的场地器材必须符合安全的要求，避免运动员出现伤害事故。体育竞赛时的气象条件也十分重要，适宜的气象条件有助于运动员创造优异的成绩。在体育竞赛时，由于客观条件而对运动员的身心健康有损害的可能时，应该取消已定的比赛。

总之，掌握体育竞赛的原则，不但有利于竞技者参赛的公平取胜，而且有利于竞技的选材、教学、训练和恢复等工作按照竞赛的要求进行有效的改革，促进体育事业健康蓬勃地向前发展。

第六章 学校体育竞赛组织管理体系

第一节 学校体育竞赛组织管理体系概述

一、学校体育竞赛组织管理体系的含义

学校体育竞赛的组织管理是宏观组织管理的一个分支，也就是说，学校体育竞赛的组织管理符合组织管理的规律和特征，同时还蕴含着自身的特点。因此，学校体育竞赛在策划和组织的整个过程中，其相互关联的所有单位个体将必然构成一个具有自身特色的组织管理的整体，即学校体育竞赛组织管理体系。

因此，在各级别和类型的学校体育竞赛中建立组织机构、规定职务职责，为有效实现组织目标，在对组织机构及其领导和成员进行控制和指导的过程中，所有相关联的单位和个体所构成的整体，就是学校体育竞赛组织管理体系。

二、学校体育竞赛组织管理体系的特征

（一）合法性

学校体育竞赛组织管理体系是学校体育竞赛开展的首要前提。学校体育竞赛能否得到顺利发展，其组织管理体系中每一个环节的合理合法都至关重要，将直接影响竞赛开展的情况和日后的发展趋势。

（二）非营利性

开展学校体育竞赛的目的是：通过竞赛形式倡导全民健身并挖掘竞技体育的后备力量，因此学校体育竞赛组织管理体系应该以公益为主，

在组织和管理的过程中杜绝营利行为。

（三）资源的公共性

学校体育竞赛组织管理体系是围绕组织目标进行的。组织目标是组织存在和发展的基础，组织管理就是为了有效地协调组织内的各种信息和资源，提高组织的工作效率，以期顺利地达到组织目标。它是一个动态的协调过程，既要协调组织内部人与人的关系，又要协调组织内部人与物的关系。

三、学校体育竞赛组织管理原则

（一）全面科学发展原则

学校体育竞赛组织管理是管理学的一部分，是一个从宏观组织管理学体系下衍生出来、又具有学校体育竞赛特点的管理体系。虽然这是一种非营利的组织管理过程，但其所涉及的对象是代表国家未来的青少年，因此学校体育竞赛的组织管理要想完善，就必须遵循科学的、全面的指导思想。再者，学校体育竞赛组织管理的非营利性，将会在某一角度打破一般管理科学的平衡，这就更加需要组织管理体系全面科学的管理方法。学校体育竞赛的长期有效开展既是未来体育竞技发展的必然趋势，又是增强学校体育和大众体育的有效手段，有利于我国竞技体育的进步和青少年体质的增强。因此，学校体育竞赛组织管理一定要遵循全面科学的发展原则。

（二）人人平等原则

毋庸置疑，学校体育竞赛又是体育竞赛的一部分，这就要求它必须具备体育竞赛严格的秩序化、制度化、规范化。体育竞赛是一项突出公平、公正、公开的工作。在体育领域中，所有运动员就像生活在同一个大家庭中的成员，蕴含着"同一个世界，同一个梦想"的人文理念。所以，体育竞赛是体现人权主义的摇篮，每一项体育运动体育赛事都需要十分严格地遵守人人平等的理念。体育竞赛区别于其他企事业组织管理最重要的部分就是，在整个组织管理过程中没有级别、层次的划分，管理者的工作实质是服务，参与者的工作实质是参与，因此不存在等级的划分,对所有人都一视同仁。学校体育竞赛是体育竞赛的一部分,那么学校体育竞赛的组织管理必须遵循人人平等的原则。

(三)和谐共创原则

体育竞赛以展示人类身体机能、身体技能,展现运动艺术、运动美,体现全人类共荣为根本思想。所以,体育竞赛追求更高、更快、更强的同时,还要展现友谊第一,比赛第二的人文风格。在所有的体育项目中对违反体育道德的行为给予最重的判罚,就是体育竞赛崇尚和谐公平的重要体现。体育竞赛希望通过体育项目的比拼,整体提高全人类的身体运动水平,促进全人类的身心健康发展,其中蕴含着全人类共同的奋斗目标。在这个过程中,让全世界各民族、各国家为实现这个奋斗目标共同付出努力,就是和谐共创的一项重大体现。学校体育竞赛更是如此,无论什么类型、什么级别的竞赛,无论是纵向发展还是横向开展,学校体育竞赛都将以竞赛的和谐开展和共同创建为主导目标。

(四)以人为本原则

在我国,以人为本是科学发展观的核心。"以人为本"简明扼要、正确精辟地概括了实现科学发展所必须坚持的出发点、主体、动力、目的等基本原则。人是社会历史活动的主体,人民是社会财富的创造者,是社会历史进步的主要推动者,理应成为社会的主人和社会财富的享有者。在体育竞赛过程中,必须明确发展的主体是谁,发展的根本动力是谁,发展的出发点和目的是什么。明确这些因素之后,我们才能全面规划、统筹安排,动员和组织所有成员的力量予以实施,并使发展的成果惠及全体成员。只有这样,体育竞赛才能得到长期有效的发展;只有这样,发展体育事业、增强人民体质的目标才能切实实现。作为学校体育竞赛的组织管理,坚持以人为本的原则是势在必行的。

四、学校体育竞赛组织管理体系的内容

学校体育竞赛组织管理体系包括五个组成部分。第一,学校体育竞赛组织管理制度;第二,学校体育竞赛组织管理机构;第三,学校体育竞赛种类及组织形式;第四,学校体育竞赛组织管理机构成员的职责、

职权，即对机构成员的控制和管理措施和手段；第五，确定实现组织目标所需要的活动，并按专业化分工的原则进行分类，按类别设立相应的工作岗位。

第二节 学校体育竞赛组织管理方法

一、概念

学校体育竞赛组织管理方法，是指学校体育竞赛中通过建立组织机构，规定职务职责，为有效实现组织目标，对组织机构及其领导和成员进行控制和管理的措施和手段的总和。

二、组织管理方法的内容

（一）行政方法

行政方法是通过直接的行政系统，采用行政手段，作用于管理客体的方法。在我国现行体制下，各个级别、类型的学校体育竞赛的组织管理都离不开行政指导。体育竞赛的组织管理与其他管理不同，由于其管理对象复杂庞大，所以必须具备严密的组织管理机构，才能提高组织管理效率。

（二）制度方法

体育竞赛是一项严格遵守规章制度、遵循社会秩序的工作，学校体育竞赛更是如此，所以制定周密而完善的制度是组织管理方法的重要内容之一。这样便可以用一定的规范约束管理客体，对于保持管理的稳定性、连续性和规范性有很大的作用。

（三）教育方法

教育方法是通过思想政治工作、行为认知指导的方式，指引管理者形成正确思想意识和行为活动的方法。在组织管理过程中坚持有效的教育方法，能够一定程度上避免违反体育道德的事情发生，促进组织管理的有效性。

（四）服务方法

服务方法是通过先进的服务理念和全方位的服务形式，促进竞赛高效率、井然有序开展的手段。优质的服务方法可以使参赛者拥有良好的参赛心态，又可以让参与团队乐于参加此类赛事，从而起到组织管理的重要保障作用。

第三节　学校体育竞赛种类及组织管理形式

从 20 世纪 80 年代"体教结合"思想、模式建立，到 90 年代"教体结合"新思路的出现，培养竞技体育后备人才的机制有了重大转变。"教体结合"模式的出现是为了进一步实现教育和体育的融合，是解决体育后备人才培养困境和实现我国竞技体育可持续发展的有效途径。倡导体育归属教育，更是解决运动员文化素养和人文精神的必要方式。几十多年来，我国各类学校体育竞赛犹如雨后春笋，在各地、各级单位迅速多样发展起来。

一、学校体育竞赛的分类

（一）按照组织机构级别划分

1．国家级学校体育竞赛

国家级别学校体育竞赛是由国家主管部门提出、组织的赛会，是面向全国各教育部门开展的体育竞赛，其规模大、范围广、规范性强，并且赛事的开展是有规律、定期的。此类竞赛有利于促进各地区体育事业的交流，能够加快学校体育水平的提高。

2．省、市级学校体育竞赛

这一级别学校体育竞赛由省、市行政管理机构策划和组织，面向所在地区的学校开展体育竞赛。这一级别竞赛的开展有利于当地校级之间的相互交流，有利于带动当地群众体育的发展，其主要特点是：竞赛周期短，有利于增进学生运动员的竞赛经验。

3．校级学校体育竞赛

这种竞赛是最基层的学校体育竞赛，只是单一地针对本校学生开展。这一级别的体育竞赛主要是宣扬体育精神和体育文化，竞技性并不是很强。其主要特点是：竞技能力较弱，具有一定的趣味性，鼓励全体学生参与。

（二）按照比赛项目的数量划分

1．综合体育运动会

综合体育运动会是将球类、田径等单项体育竞赛综合在一届赛会中。它要求管理机构庞大，管理机制明确，组织管理体系设置合理，同时，具有弘扬民族精神、发扬体育道德、增进集体荣誉感的作用。

2．单项体育竞赛

单项体育竞赛就是针对某一单个体育项目开展的体育比赛。主要是促进和检验某一项体育运动在学校开展的情况，具有较强的针对性。其特点是：规模较小，参与性较强，组织形式较方便。

（三）按竞赛性质划分

1．竞技性学校体育竞赛

此类竞赛主要目的是推动学校体育竞技能力的有效发展，促进学校培养优秀竞技运动后备人才。其特点是：竞技水平较高，竞赛规则规范。

2．趣味性学校体育竞赛

此类竞赛以倡导学生参与和从事体育运动为主要目标。重在让广大学生群体了解体育精神，感受体育氛围，享受体育乐趣，从而达到热爱体育、增强体质的目的。其特点主要是：趣味性较强，可参与群体广泛，节日氛围较浓。

二、学校体育竞赛的组织管理形式

我国学校体育竞赛主要采用赛会制的组织管理形式。因此，组织管理的形式不会因为竞赛规格和竞赛级别以及竞赛性质的不同而产生变化。学校体育竞赛一般由教育管理机构指导和监督其下属体育、卫生、艺术管理部门策划和组织实施，其他单位协助管理。在基层学校，以学校的主管校长指导和监督主管学校体育工作的领导策划和组织实施，其他部门协助工作；在各级别各层面的学校体育竞赛中，组委会建立的总体框架是一致的，只是由于规模的不同而有所差异。

（一）高级别学校体育竞赛的组织形式

高级别学校体育竞赛包括国家级和省、市级。这个级别的学校体育竞赛一般都有主办方和承办方，并且组委会主任必须由组织竞赛主办方一级行政主管领导担任，副主任由主办单位和承办单位的相关主管领导担任，委员由各参赛单位的主管领导担任。主办单位依据大会经济来源、竞赛规模、竞赛目标等方面提出基础实施方案，承办单位负责具体的实施方案和组织管理机构的构建。在竞赛过程中，主办单位具有对承办单位的落实情况进行指导和监督的权利。

（二）基层学校级别学校体育竞赛的组织形式

基层学校级别的学校体育竞赛是指以单个学校为单位开展的体育竞赛。一般由学校直接委派本学校主管学生体育教学工作的体育工作部门筹办，所以基层学校体育竞赛承办单位基本是固定的。高校一般由公共体育教学部门筹办，中小学一般由体育组筹办。体育竞赛的主导思想、目标任务、竞赛经费和竞赛规模由学校最高主管领导机构提出基本方案，具体的相关规程、筹办工作由承办单位负责落实。组委会主任由主管学校体育部门的最高行政领导担任，副主任由相关学校办公室、校工会和体育部门的主管领导担任。在竞赛过程中，要注意协调学校财务部门、学生工作部门、保卫部门、医疗部门和宣传部门的工作。

第四节　学校体育竞赛组织管理制度

一、学校体育竞赛组织管理制度的概念

学校体育竞赛组织管理制度是在以学校教育为主、为促进受教育者健康发展和运动水平提高而进行的各类体育运动项目比赛体系中，为能

有效实现组织目标而建立的参与者必须遵守的实施规程或行动准则。它是学校教育体系的一部分，需要在学校教育环境中运用身体运动、卫生保健等手段，对受教育者施加优良影响，促进其身心健康发展。

二、学校体育竞赛组织管理制度的价值

（一）公平、公正的民主价值

自由平等、公平公正是人类本性的要求，也是人类追求民主的重要原因之一。公开制定规则的程序，综合考虑各团体的利益，是民主价值的体现。民主保障了每个人的自由，个人的思想、智慧、创造力等能得到很好的发挥，所以民主是最大的竞争力、最大的创造力、最大的生产力。而制度是维护公平、公正的有效手段，是我们做事的底线要求，违反了制度，就要受到惩例。同时，在制度方面，我们也还有无限的空间可以把事情做得更好。

（二）促进精神品质规范的人文价值

自古代奥运会产生到现代奥运会的复兴，体育竞赛是人类渴望和平、期望增进友谊的结果，体育精神在不同民族、不同国度之间形成了共同的梦想，其本身具备人类追求的、共同的、高尚的人文价值。这一点在学校体育竞赛中也体现得淋漓尽致，其组织管理制度的建立也正是促进这一价值的重要体现。在制度完善的前提下，组织者和参与者在活动过程中能够时刻规范自身行为，更深刻感知和平、和谐、团结和互帮互助的精神品质，从而有助于学校对受教育者精神品质进行规范。

（三）培养人格全面发展的教育价值

在完善的学校体育竞赛组织制度下，能够使教育者尤其是受教育者直观感受到公平和民主的竞争精神，从而培养受教育者的公平竞争意识、永不言败的进取心、顽强拼搏的意志品质和超越自我的激励感悟。同时，在学校教育过程中潜移默化地促进和培养着受教育者的人格发展。

三、学校体育竞赛组织管理制度制定方法及内容

学校体育竞赛无疑是体育竞赛的一种特殊表现形式，它是通过体育竞赛完善受教育者的过程，在这个过程中更加需要公平公正、科学发展。这就要求组织机构科学、系统地制定学校体育竞赛组织管理制度。

学校体育竞赛组织管理制度制定方法及内容主要有以下八个部分。

（一）总则

这一部分是组织管理制度的总体指导方向。主要阐明学校体育竞赛开展的根本目标、意义、竞赛的性质及该项竞赛的举办周期。

（二）竞赛项目和竞赛的申办

学校体育竞赛应该以"促健康、求发展"为主导思想，因此在竞赛项目设置和申办过程中要区别于其他体育竞赛。至于竞赛的申办，主要出现在大学校园，这就要考虑到申请承办单位是否具备申办实力和资格，所以在制度中应该有明确的约束条款。

这部分主要包括：按照实际情况有原则地明确指定学校体育竞赛的项目、申办新增项目所需要的条件、申请竞赛承办的条件及所需的上报材料、指明申办的具体时间安排等。

（三）竞赛组织

竞赛组织建立是否合理，是学校体育竞赛能否顺利开展的必要前提。在组织的设立中主要包括：成立筹办委员会和组织委员会的原则、竞赛规程内容制定的要求、承办方需上报的材料、明确组织机构的工作职责等。

（四）竞赛管理

竞赛管理是学校体育竞赛开展过程中的重要保障，其制定的原则必须严谨、科学和全面，确保竞赛过程中参赛者的安全、竞赛的公平公正和赛会中和谐、向上的精神风貌。其内容主要包括比赛硬件设施的规定、参赛资格规定、处理办法、赛会纪律规定等。

（五）裁判员选派和管理

体育竞赛的裁判员相当于现实生活中的公证人员，是促进比赛公

平、顺利进行的重要职位。在中小学，裁判员一般由体育教师担任，因此选派的范围是固定的，直接将学校体育工作者列入此项条例即可。在大学一般由承办单位选派，也不需要过多说明。在管理方面，大、中、小学学校体育竞赛制度中都应该明确：违反裁判员工作守则的处理办法、裁判员的服装和工作用品要求、裁判长赛后总结材料上交时间等。

（六）资格审查、竞赛纪律及申诉

在这一部分制度制定过程中，主要从对违反此项纪律的个人及集体的处理办法、参赛队申诉的条件等方面展开。

（七）竞赛财务管理及经费支配

学校体育竞赛的经费多数由学校自筹。所以制度制定中包括的内容有：经费使用方针、经费的管理机构和方式、经费的监督和审计机构。如果有赞助单位，可在条款中加入冠名的要求、学校缴纳赞助款的比例等。

（八）附则

此部分是指明此规定的发布时间。

第七章 体育教学评价的基本概述

第一节 体育教学评价的内涵

一、体育教学评价的概念

(一) 教育评价的概念

要理解体育教学评价的概念，首先需要了解教学评价的概念。

所谓教育评价，主要指相关部门基于相应的教育目标，按照一定的价值标准和目的，通过采取针对性的举措、运用有效的技术手段，对教育活动的效果及影响所进行的检查、判断与评估活动。

(二) 体育教学评价的概念

体育教学评价，即体育相关部门、体育教师与学生以体育教学系统为客观存在的认识对象，以教学分析为基础，根据具体的体育教学目标、任务等，对体育教学过程及教学效果所进行的判断与评估。

体育教学评价的主要内容有两个，一是对体育教师教的评价，二是对学生学的评价。

学校进行体育教学评价的目的主要体现在两个方面：其一是及时发现体育教学活动过程中出现的问题，并采取针对性的举措加以改进；其二是为学校制定科学的体育教学决策提供参考。

二、体育教学评价的特点与价值

(一) 体育教学评价的特点

1. 体育教学评价的动态性

体育教学处于一种不断发展的状态，教学对象、教学内容、教学模式、教学目标、教学要求等，都会随着体育教学改革的深入发展而不断发展和完善，要求体育教学评价要与时俱进，根据体育教学自身的发展规律以及被评价对象的变化而不断变化，这就是体育教学评价动态性的重要体现。

2. 体育教学评价目标的发展性

与传统体育教学以学生能够熟练掌握相关的体育运动知识与技能为体育教学目标不同，现代的体育教学目标更加注重学生的全面发展，即学生不仅要熟练掌握体育运动的相关知识与技能，更要通过体育学习助力自身的全面发展。这就要求体育教学评价目标具备发展性特征，将学生综合素质的提高以及长远发展作为体育教学评价的重要对象和目的。

3. 体育教学评价主体的多元性

体育教学评价主体的多元性也是体育教学评价的一个重要特点。随着体育教学改革的不断深入，人们越来越认识到体育教学评价的重要性，其不仅是学生积极参与体育教学活动的过程，也是学生自我反思和逐步发展的过程，更是促进良好师生关系得以建立的有效手段。

在传统的体育教学评价过程中，评价的主体主要是管理者，采用的评价模式也是单一的评价模式，对于评价的结果，教师和学生只能被动地接受，这在很大程度上影响了教师和学生主体性与积极性的发挥，甚至导致师生产生畏惧评价的心理。

现代化的体育教学评价采用的是多元主体的评价模式，教师、学生、管理者以及家长等主体都参与体育教学评价过程，形成一种民主、平等的评价关系，使各主体都能在评价中各抒己见，这对体育教学主体能动性的发挥、体育教学质量的提高等都是有巨大助益的。

4. 体育教学评价方法的多样性

体育教学评价方法的多样性主要体现为在具体的体育教学实践过程中，由于受多方面因素的影响，所形成的各种体育教学评价方法都有特定的适用范围，也就是说，没有一种体育教学评价方法是万能的。因此，在具体的体育教学评价过程中，评价主体应根据体育教学的实际情况，合理使用多种评价方法，对被评价对象进行综合性的评价，最大限度地保证体育教学评价的客观性和合理性。

（二）体育教学评价的价值

1. 激发学生体育学习的兴趣

客观、公正、合理的体育教学评价能够使学生对自身的体育学习情况有一个基本的了解和准确的把握，促使学生对自己的学习方法、学习态度等进行反思，同时激发学生体育学习的兴趣，使学生能够根据反思的结果及时调整自己的学习方法、学习态度等，提高自己的学习能力。

2. 促进体育教学水平的提高

客观、公正、合理的体育教学评价能够使体育教师对自身在教学过程中所出现的问题或存在的不足有一个准确的认知，然后促使体育教师通过不断学习、灵活调整教学方法、完善教学设计等方式，解决教学过程中出现的问题，提高自身的体育教学水平。

3. 促进体育科研水平的进步

作为体育教学评价的主体之一，体育教师在开展体育教学评价的过程中，需要对相关的体育教学工作进行分析和研究，以确保能够获得充分的数据和资料。而这些数据和资料不仅为体育教师开展相应的体育科研工作提供了必要的支持，而且在一定程度上促进了体育教师科研水平的进步。

4. 促进体育教学管理的完善

体育教学管理所涉及的内容是非常宽泛的，包括教师管理、学生管理、教学资源管理等。对体育教学进行必要的评价，能够为体育教学管理的完善提供科学的参考和方向性指导，促进体育教学管理的优化发展。

三、体育教学评价的类型与方法

（一）体育教学评价的类型

根据不同的标准，可以将体育教学评价分为不同的类型。这里主要从评价目的、评价内容、评价分析方法、评价功能几个角度出发，来阐述体育教学评价的类型。

1. 按评价目的分类

按照评价目的的不同，可以将体育教学评价分为三种类型，即选拔性评价、甄别性评价以及发展性评价。

（1）选拔性评价

选拔性评价，即根据需要制定评价标准，然后对学生进行测试评价，选出符合标准的对象。通常来说，选拔性评价又可分为两种类型：一是专门性评价，比如运动员选材；二是综合性评价，比如体育考试。

（2）甄别性评价

甄别性评价强调的是对学生学习结果的评价，目的是判定学生是否具有特殊的运动才能以及学生在群体中的位置。

（3）发展性评价

发展性评价是一种通过评价来促进学生发展的积极性的评价方式。这种评价方式是符合素质教育相关要求的，对学生的全面发展有积极影响的，是深化体育教学改革必须长期坚持的体育教学评价方式。

2. 按评价内容分类

按照评价内容的不同，可以将体育教学评价分为过程评价和结果评价两种类型。其中，过程评价主要指对体育教学过程中体育教师所采用的教学方法和教学手段的评价，结果评价主要指对体育教学活动实施效果的评价。

3. 按评价分析方法分类

按照评价分析方法的不同，可以将体育教学评价分为定性评价和定量评价两种类型。其中，定性评价是从"质"的角度出发对体育教学进行的评价，是对体育教学优劣程度的评价，一般用评语或符号表达；定量评价即从"量"的角度对体育教学进行的评价，重视相关数据与资料的收集、分析与评判。

(二) 体育教学评价的方法

体育教学评价的方法有很多，下面主要对观察法、问卷法、测验法这三种比较常见的评价方法进行阐述。

1. 观察法

观察法，即评价者有目的、有计划地通过对体育教学评价对象的活动进行系统、深入的观察，以获取教学评价资料的体育教学评价方法。这一评价方法的优点是能够获得第一手资料，为做出中肯的体育教学评价提供可靠依据。

2. 问卷法

问卷法，即评价者通过书面形式向被调查者提供经过严格设计的问题，要求被调查者如实回答问题，从而获取体育教学评价所需信息的评价方法。问卷法的优点主要体现在以下几个方面：其一，所收集的信息具有一定的可靠性；其二，调查取样相对广泛，调查结果具有一定的客观性和真实性；其三，调查时间范围具有可调节性。

3. 测验法

测验法，即评价者通过考试、测验等方式，搜集学生的体育学习行为、学习反应等，对体育教学做出的客观评价。测验法的优点是组织性、计划性、针对性较强。在具体的体育教学评价过程中，常用的测验法主要包括：体育理论知识测验、体育运动技术测验、学生身体素质测验以及学生体育情感行为测验等。

四、体育教学评价的标准

(一) 体育教学评价标准的构成

1. 效能标准

效能标准是体育教学标准最重要的构成部分，也是体育教学目标实现的重要体现。

效能标准包括主要包括两个方面的内容：其一是效果标准，效果标准的主要评价对象是体育教学工作所取得的实际效果；其二是效率标准，效率标准的主要评价对象是体育教学的投入与产出的比率。

需要注意的是，效果标准与效能标准都存在明显的优缺点，具体体育教学评价应将效果标准和效率标准有机结合在一起，以确保体育教学评价的客观性和合理性。

2. 职责标准

职责标准以被评价对象所应承担的责任为评价的主体内容，该评价标准的优点主要包括以下几点。

第一，它能够使被评价对象明确自己在工作中所应承担的职责。

第二，它能够在一定程度上激发被评价对象的工作积极性。

第三，它能够帮助被评价对象明确自己的工作方向，增强被评价对象的责任感。

第四，它能够帮助被评价对象及时发现自己在工作中所存在的各种问题，然后采取针对性举措及时解决这些问题。

3. 素质标准

素质标准是对被评价对象完成工作或任务所具有的综合条件进行评价的准则，它是鉴定被评价对象是否具有完成相应的体育教学工作或任务职责和能力的重要依据。具体来说，在体育教学评价过程中，常用的素质标准主要包括：①政治素质标准；②思想道德素质标准；③业务能力标准；④心理素质标准；⑤教学能力标准。

(二) 体育教学评价标准的制定依据

1. 体育教学的目的与任务

从某种意义上来讲，体育教学评价就是检查体育教学目的与任务的完成情况，并根据具体的检查情况制订相应的工作计划，最终推动体育教学目标的快速实现。因此，在制定体育教学评价标准时，应充分考虑体育教学的目的与任务，为体育教学活动的开展提供方向性指导。

2. 体育教学的基本理论与规律

体育教学属于一种综合性的教学活动，不仅包含着诸多学科的基本理论，而且有着自身发展的独特规律。因此，在制定体育教学评价标准时，应将体育教学的基本理论与规律作为重要依据，确保体育教学评价标准制定的科学性和合理性。

3．被评价对象的实际情况

被评价对象的实际情况也是体育教学评价标准制定的一个重要依据。从本质上来讲，体育教学评价的目的是让被评价对象及时发现自己工作中存在的问题，然后采取针对性举措解决这些问题，在促进自身发展的同时，推动体育教学发展，助力体育教学目标的实现，因此，在制定体育教学评价标准时，应充分考虑被评价对象的实际情况。

（三）制定体育教学评价标准的要求

制定体育教学评价标准的要求主要有五个，分别是指导性、发展性、科学性、可行性以及灵活性。

1．指导性

指导性主要指体育教学评价标准的制定应该能够为体育教学的调控和发展提供科学的指导。体育教学评价标准即是体育教师开展体育教学活动、学生进行体育学习的重要参考，也是相关部门开展体育教学评价工作的重要依据，这就要求所制定的体育教学评价标准必须具有指导性。

2．发展性

素质教育及教学改革的不断推进，对我国学校体育教学评价提出了更高的要求。就体育教学评价标准而言，其不仅要为学校体育教学工作的开展提供相应的参考依据，而且应以促进体育教学的长足发展和被评价对象的不断进步为重点，这就要求制定的体育教学评价标准能够体现发展性特征。

3．科学性

科学性既是体育教学评价标准的一个重要特征，也是制定体育教学评价标准的一个重要依据。所制定的体育教学评价标准只有具备科学性，才能为体育教学相关活动的开展提供科学的参考，才能彰显体育教学评价标准的科学价值。

4．可行性

可行性也是制定体育教学评价标准的一个重要要求。从某种程度上甚至可以说，可行性直接决定了体育教学评价标准有无存在的意义，换句话说，所制定的体育教学评价标准只有具备了可行性，才能为之后体育教学相关工作的开展提供科学的指导。因此，在制定体育教学评价标准时，必须从实际出发，统筹考虑各方面因素，确保体育教学评价标准的可行性。

5．灵活性

受多方面因素的影响，体育教育实施的具体物质保障也存在一定的差别，比如场地设施情况、经费投入状况等，这些因素会在很大程度上影响体育教学开展的具体成效。这就要求学校在制定体育教学评价标准时，在遵循教育部门有关体育教学评价标准制定的统一性原则的基础上，根据本校的具体情况灵活地调整，确保体育教学评价标准能够为本校体育教学活动的开展助力。

第二节　体育教学评价的原则

一、客观性原则

客观性原则是学校开展体育教学评价工作时需遵循的一个重要原则。从某种意义上说，体育教学评价的一个重要目的是对教师的教和学生的学做出客观的价值判断，以最大限度地激发教师与学生参与体育教学活动的积极性和热情，如果缺乏客观性，不仅会使体育教学评价活动本身失去意义，而且会严重阻碍体育教学活动的正常开展。

二、全面性原则

体育教学评价所涉及的范围是比较宽泛的，以点带面、以偏概全等都会影响体育教学评价的客观性、真实性和准确性，这就要求体育教学评价工作的开展遵循全面性原则，多角度、全方位地评价体育教学活动。

三、科学性原则

科学性是体育教学评价的一个重要要求，也是判断体育教学评价结果是否有效的重要标准，只有保证体育教学评价的科学性，才能彰显体育教学评价的价值，发挥体育教学评价的作用。因此，学校在开展体育教学评价的过程中，必须遵循科学性这一原则。

四、指导性原则

指导性原则也是体育教学评价的一个重要原则，其要求评价者在体育教学评价的过程中不能就事论事，应把评价与指导有机结合起来，在使评价者对自身有全面了解的基础上，指导自己开展科学化的体育教学评价工作。

五、目的性原则

体育教学评价的根本目的是通过实施科学、合理的评价，为体育教学工作的顺利开展提供科学的指导，从而提高体育教学工作的质量和效率，最终达到体育教学的最终目标。但在具体的体育教学评价过程中，不同的评价目的通常在评价标准、评价手段等的选择方面存在显著的差异，因此，相关部门及工作人员在进行体育教学评价时，应明确评价的最终目的及价值取向。

六、发展性原则

发展性原则主要体现为体育教学评价的最终目标并不是鉴定教学结果的好与坏，而是通过体育教学评价来优化体育教学的过程，从而助力体育教学目标的实现。

因此，相关部门及工作人员在进行体育教学评价时，不应将工作的重点放在体育教学状况的甄别上面，而应将重点放在给被评价对象提出合理化建议与意见方面，以不断改善被评价对象的工作思路、工作方法等，促进被评价对象的不断进步，从而为体育教学目标的实现创造有利的条件。

第八章　体育教学评价的改革研究

第一节　体育教学评价的现状及发展对策

一、体育教学评价的现状

随着我国学校教育事业的快速发展，学校体育教育事业也发生了很大的变化。首先，在教育形式上实现了大胆创新；其次，在教学项目、教学理论和教学评价等方面也有了很大的突破。学校体育教育事业迎来了一个全新的发展机遇。总体来说，学校体育教学评价的发展现状主要表现在以下五个方面。

（一）评价主体的参与现状

目前，随着开放性教育的不断发展，体育教学评价已经不只是教师与学生之间的活动，越来越多的人员参与学校体育教学中来，专家、家长等教育以外的人员也成了体育教学评价的主体参与者，这就使体育教学评价实现了多元化的信息反馈。但在这种多元化的评价过程中，还是会由于个体素质、价值取向等各方面的原因，导致学校体育教学评价出现偏差。

（二）评价的过程结构现状

在学校体育教学评价中，随着对体育教学过程的日益重视，从而逐渐建立起由预备性评价、形成性评价和终结性评价组成的"三段一体"的全程性体育教学评价体系。作为一种全新的评价体系，它可以使学校体育教学评价的诊断、改进、调节和强化功能得到充分发挥。

（三）评价方法的现状

目前，学校体育教学评价早已摆脱了只关注体育教学结果的单一性评价和抽象的特点，使体育教学评价成了一个复杂的价值判断活动，这也使体育教学评价方法变得多元化。因此，当今对应用体育教学评价方法的操作者的要求也越来越高。

（四）评价的管理现状

学校体育教学质量的好坏将对体育教学产生直接的影响，而体育教学评价作为提高教学质量的重要手段，得到了学校的日益重视。通过体育教学评价可对教学质量进行有效的管理和监督。目前，很多学校的体育教学管理部门在建立教学质量管理体系时，都已经将教师的教学评价和学生的学习成绩评价纳入其中，实现了体育教学的科学化管理。

（五）评价的研究现状

随着学校体育教学的不断发展，对体育教学评价方法的研究也越来越深入，这主要体现在体育教学评价方案的开发上。目前，研究人员将设计出科学、合理、简洁、可操作性强的评价方案作为研究的重点，同时也对体育教学评价的方法和标准进行了较为深入的研究，其目的就是找到一种可以准确、客观评价教师、学生能力的科学评定工具。而学生的学习态度与心理行为之间关系的测评方法等一批新的研究课题也得到了广大学者的关注。

二、体育教学评价的发展对策

（一）不断发展和完善体育教学评价的体系

1. 保持评价主体的多维性

随着学校体育教学制度的改革，体育教学评价的主体也发生了较大改变，从之前的教师与学生逐渐发展为目前的多元化结构，即教师、学生、家长、校方和社会团体等。这也改变了传统体育教学评价主体的单一化现象，避免了体育教学评价的局限性和不全面性。例如，对于学生的体育学习评价，教师对学生在校内的体育活动有着较为权威的认识，但是家长却能够清楚地认识到学生在校外的体育表现，而家长的评价在传统体育教学评价中很难得到重视，这就造成了学生体育学习评价的局限性。因此，在进行体育教学评价时必须保持评价主体的多维性，这是保证评价结果全面性和准确性的必要条件。

2. 注重评价客体的多维性

在学校进行体育教学评价时，由于个体的差异性，使得被评价的对象之间存在一定的差异，这就很难通过统一的评价标准进行衡量。此种情况长期发展下去，必然会影响学生的体育学习兴趣。因此，学校在进行体育教学评价时，一定要注意评价客体的多维性。这就要求在进行体育教学评价前，应对评价对象的具体情况进行分析，并以此为依据进行分组评定，从而实现体育教学评价的公平性，使每一个参加体育教学评价的个体获得成就感，提高其参加体育学习的积极性。

（二）建立多元化的体育教学评价模式

在以往的体育教学评价过程中，评价模式过于单一，往往是以上级对下级的主观评价为主。其主要的评价方式是结果式和量化式的评价，从而很难对评价对象做出真实、科学的评价。因此，为了实现现代体育教学评价的全面性、科学性和真实性，关键是要建立起人性化、多元化的评价模式。例如，采用"教师评价＋学生自身评价＋家长评价"的模式，并将肯定性的语言描述与过去的打分制相结合，对形成性评价方式给予更多的关注，实现与被评价者的交流和人性化、多元化的发展。

（三）建立健全体育教学评价的反馈机制和保障机制

获得评价信息的关键方法和唯一途径便是反馈，建立健全体育教学评价反馈机制是评价活动有效开展的关键条件。信息论的观点认为，信息是一个系统实现有效控制的基础，而反馈则是评价主体获取信息的途径，所以体育教学评价反馈机制是否健全，直接影响着体育教学评价系统能否得到有效控制。为此，建立多条反馈渠道是保证体育教学评价主体能够及时收集到有效评价信息的关键。此外，为了保证评价反馈机制的有效运行，还应建立体育教学评价反馈机制的监督机构，以便对学校体育教学评价反馈情况进行监督。通常来说，规章、条例、制度可对评价主客体在评价活动中的行为起到约束和控制作用，为学校的体育教学评价活动起到保驾护航的作用。学校相关部门应总结评价经验，深入调查听取广大师生的建议，建立切实可行的评价条例、规章制度。另外，在健全规章制度的同时，还要加大对规章制度的执行力度。

第二节　体育教学评价的规范与落实

体育教学评价是依据体育教学目标与标准，对体育教学的质量进行定量与定性的价值判定。在当前的体育教学改革中，体育教学评价的问题越来越受到人们的重视。新课程改革以来，也出现了各种体育教学评价的指标、方法与体系，甚至用计算机操作的各种评价软件，这说明体育教学评价在走向科学化、准确化、全面化的道路上迈出了一大步。但是制定的体育教学评价标准与方案不能仅仅停留在理论层面，需要有更强的操作性与更大的实用价值，否则理论研究成果只能是纸上谈兵，没有真正的实践意义。

一、更好地发挥体育教学评价的反馈功能和指导功能

反馈功能和指导功能是体育教学评价的两个有机联系的基本功能，在实施体育教学评价的过程中，应注意把教学评价与体育教学的其他组成要素有机地结合起来，不能为评价而评价。首先，教学评价与预设的目标要紧密联系起来，评价的结果将成为目标达成程度的判断指标与反馈。如果评价情况良好，那么预设的目标就是合理的；如果评价结果不理想，那么教学预设与教学准备就存在较大的问题。如果存在问题，就需要进一步调整思路，检查每一个教学环节与教学策略，找出问题，指导教学实践工作，这样的评价才具有真正的意义与价值。

二、分别制定体育教师教学的评价体系与学生体育学习评价体系

教学包含教师的"教"与学生的"学"两个方面，因此教学评价也应该从这两个方面分别进行。目前有关学生学习评价的研究较多，但有关教师教的评价主要集中于课堂教学评价。这样，有关教师教的评价与学生学的评价内容就难以实现全面、公开、科学的目标。因此，还有待深入研究教师与学生有关教学方面的评价，建立一套较为客观的、全面的评价体系。

三、切实关注新时期体育教师的课堂教学质量

体育课堂教学是学校体育的主体部分，是组成体育教学的最小单位。近年来，随着有效教学的提出，人们越来越关注体育课堂教学的质量。随着近年来教育及其他领域评价方法的快速发展，体育教学质量评价研究的深度和广度大幅提升。

尽管在该领域的研究中，我国学者提出了很多的成果和有价值的建议，但是在实际的操作和应用中还有一定的局限性。鉴于评价主体的差异性，与食品质量、产品质量等相比，教学质量的评价难以设置恒定的量化标准，而体育教学又有其独特之处，这无形中给教学质量评价紧密相连的监控带来了难度。因此，如何对体育课堂教学质量进行有效的评价和监控成为难题，要求我们必须积极面对和解决。

四、建立符合中国国情的相对科学的体育教学评价指标

从系统论的角度分析，体育教学目标应该简单、科学、具有可操作性，而体育教学评价是一个检验教学目标达成情况的重要参考指标，因此也应该与体育教学目标相对应，具有简洁、实用、客观、科学、可操作等特性。虽然近年来研究体育教学评价指标是一个热点，但大多的评价指标还是存在复杂化、基层一线教师难以操作、工作量大等缺点。因

此，建立符合中国国情的相对科学的体育教学评价指标，是今后体育教学评价的一项重要工作与任务。一方面，应加强体育教学评价体系的理论研究；另一方面，应开展体育教学评价改革的实验研究。在借鉴国外教学评价的有益经验的同时，应结合我国的实验研究，消化、吸收、创造出具有中国特色的体育教学评价指标体系。

评价指标还涉及科学性的问题，如何制定科学的指标是一个关键性的因素。制定较为科学的指标应具备以下四个主要的环节。

（一）初拟指标

初拟指标是根据体育教学评价的目的或主题，由研究人员根据对评价内容的理解和实践经验初步确定指标。初拟指标常用的方法主要有两种：一是因素分析法。将评估指标按评估内容本身的逻辑结构逐级进行分解，把分解出来的主要因素作为初拟评估指标的方法。从分解评估目标开始，由高层到低层进行。越是下一级的因素越是具体、明确，直至分解到因素可以观察和测量形成末级指标为止，从而形成一个从一级到二级再到三级，直至末级的指标体系。二是头脑风暴法和反头脑风暴法。以座谈会或会议的形式组织专家（一般至少 10 名），请专家凭借实践经验和学科专业理论针对督导主题即席发言，相互启发，不对他人的意见做批评或阻碍他人发言，最后把专家的意见进行整理，初步提出评估指标。

（二）筛选指标

初拟出的评价指标一般数量较多，不能反映指标的简约性原则，甚至有些指标可能重复、交叉，所以对初拟指标要进行归类、合并及筛选，从而保证评价指标的科学性、有效性。筛选评价指标一般采用经验法和数理统计法。经验法是根据个人或集体的经验对初拟指标进行归类合并、决定取舍的方法，其又分为个人经验法和集体经验法。

个人经验法是评估指标的设计者根据自己的经验，对提出的初拟指标进行比较、排列、组合，通过思维加工决定指标的取舍。这种方法的优点是以个人的经验为基础，比较简便易行，但个人的经验毕竟有一定的局限性，用个人经验法筛选评估指标难免具有片面性。集体经验法其实是一种问卷调查统计的方法，以个人经验为基础，集中若干有经验的专家分别征求意见，并运用问卷统计方法进行指标取舍的方法。其优点是广泛收集学校体育督导评估主题有关方面的专家意见，克服了个人经验法的局限性，又运用了统计方法，筛选出的指标相对具有科学性。

（三）确定权重

评价指标确定后，要根据其在体育教学评价内容中的重要程度给以权重。权重就是权衡指标的分量，确定指标的重要性和地位。权重数的表示有小数、百分数、整数。确定指标权重数的一般方法有：（1）集体经验判断。依靠专家和有经验的教育部门领导、学校体育专家、体育教师等集体的智慧、经验，揭示指标对于评估内容的价值的大小，从而确定权重数。这种方法信息量大、全面具体，但其缺点是易受权威人士或多数人意见的影响。（2）特尔斐法。用匿名的方式就预先设定的指标权重数向不少于 100 名专家发放问卷，通过至少三轮的征求、汇集并统一专家的意见和判断，使大多数专家在相互不受干扰的影响下对指标的权重数达成一致意见。（3）层次分析法。这是一种多目标、多准则的决策方法，由美国数学家斯塔首先引入教育评价领域以解决权重数的确定问题。主要采用两两比较步骤，即将所要比较的各个指标配成对，让有关专家对指标的某一特征进行比较和判断。将比较的结果写成矩阵形式，找出它们的优先顺序，反映出各个指标相对重要的程度，以评价指标相对优化的程度。

（四）确定标准

确定好体育教学评价指标、指标权重后，还要确定评价标准。设计评价标准的步骤与方法是：（1）设计标度。标度可用定性或定量两种形式表示。定性标度一般用描述性语言表示，如"精通""熟练""掌握""不掌握"等。（2）设计标号。标号是区分标度的符号。在标度确定之后，还需要用不同的符号，如优、良、中、可、差或优、良、及格、不及格等。

第三节 体育教学评价体系改革的策略

一、体育教学评价的本质特征

评价作为人类特有的一种认识活动，以把握世界的意义和价值为目的。而价值本身是存在主客观之分的，评价是为解释这种主客观的价值关系设计的，而不是去创造关系，因此评价仅仅是一种促进事物发展方向的措施。作为教育评价体系的组成部分，体育教学评价是一种一般评价在教育领域中的体现，是按照一定的评价标准，结合适当的方式与手段，对体育教学的构成要素、过程和效果进行的综合评价活动。体育教学评价的主体是各级教育行政管理部门、社会组织以及学校、教师甚至学生等，客体是教育教学的对象，一般是指教学的质量、教学的整体过程、教学的结果、学生能力的提高程度，以及其他方面。这些都体现出了教育评价中的主体和客体的价值关系。在进行体育教学评价时，首先要了解评价主体的需要，其次要搞清楚体育教育的本质，最后要树立正确的体育教学的价值观。只有将三者统一协调起来，才能充分发挥体育教学评价的功能。

二、我国体育教学评价体系的现状

（一）评价内容不全面

我国现有的体育教学评价存在以下特点：注重体育教学的结果，忽视其过程；注重发展学生的认知因素，比如学生的体育专业知识、技能、身体素质等，但是对非认知因素，如情感、个性、人格、意志等的发展多有忽略；缺乏对学生终身的学习能力、体育能力、合作与沟通能力等发展性目标的评价。

因此，无论从评价内容还是从评价标准的制定来看，我国现行的体育教学评价都不能体现体育教学目标所要达到的整体性要求。

（二）评价方式不科学

体育教育本身是一件极为复杂的工作，存在独有的特殊性，其中不乏大量的人文因素的参与。21 世纪，面对日益激烈的全球化竞争，我国需要的是素质全面发展的复合型人才，不仅要增强学生的体质，使其拥有健康的体魄，还要培养健全的人格、良好的学习和沟通能力、正确的价值观及过硬的心理品质，但是这些很难量化。所以我国高校体育教育不能只用量化的评价方式，而应该将定量评价和定性评价结合起来。

（三）忽视过程性评价

我国目前采用的体育教学评价是终结性评价，即教学活动完成后，对教学成果进行的总评价。这种评价是对已完成的教学进行价值判断，从而为做出各种决策提供依据。在体育教学评价上，多数教师一般将评价重心放在终期考核的成绩上，这种终结性评价并未真实地反映学生的学习效果，对帮助学生改进学习也存在一定的局限性。事实上，这种评价方式忽略了非常重要的过程性评价。

（四）忽视自评与互评

在教学中评价的方式有很多，既可以由教师评价学生，又可以由学生对教师的教学进行评价，学生还可以相互评价、自评等。但在我国体育教学评价中，体育教师往往注重对学生的评价，师生之间的互评不常见，师生之间缺乏必要的沟通，这导致无法及时发现和处理教师与学生之间的问题，学生的积极性也不会高，阻碍学生终身体育习惯与能力的养成。

三、体育教学评价体系改革的策略

（一）更新体育教学评价理念

一个科学评价机制的建立，必须以素质教育为根本，要抓住素质教育基础性、全面性、主体性、个体性等特点，正确认识学校体育在素质教育中所起的作用，明确学校体育的教育目标。评价机制要确保评价目标和教育目标的一致，并以此为依据设计体育教育评价的指标体系。科学化的评价指标与可操作性强的评价办法才能使评价体系发挥正确的导向作用。因此，体育教育评价的指导思想应全面更新，建立多角度多方法的综合质量评价，既要注重体育知识、技术、技能等学习成果的考评，又要加强对学生体育能力、情感、意志、思想、品质等方面的关注。特别要注重教学效果的评价，加强对教学过程的评价，重视学生在学习过程中的努力程度与进步幅度。

（二）丰富体育教学评价内容

我国已经把教学目标划分为运动技能、运动参与、身体健康、心理健康与社会适应五大领域，说明学校体育的教学目标是多种多样的，这在教育界和学术界已经达成了共识。因此，体育教育教学评价的内容应该向多元化发展，不能只保持单一的技能或健康测评，同时应该重视对认知、情感等的评价。

（三）创新体育教学评价方法

1. 自评与他评相结合

教师是绝对的评价主体，教师对学生的评价理所当然。但是，真正了解学生主体的是学生个人，而不是教师。心理学认为，外因是变化的条件，内因是变化的基础，要使被评价者自主地进行改正，就必须先认识到自己的不足和缺点。自评的方式会让教师与学生增强参与的积极性，大大提高主动性，这样就能更好地投入教学和学习中。因此，要加强学生自评与师生互相评价，将这两种评价方式与体育教学有机结合起来，充分发挥评价方式的功能。

2. 终结性评价与过程性评价相结合

过程性评价侧重学习过程的纵向评价，相对于终结性评价而言，具有一定的弥补功能。过程性评价的方式比较灵活，可以给教师与学生提供及时反馈，从而不断改进。同时，过程性评价更容易让教师注重学生非智力因素的发展，对体育教学终极目标的实现非常有利。因此，在评价方式中，应将终结性评价与过程性评价相结合，逐渐淡化终结性评价，加强过程性评价的运用，如此可以有效调节教学的各个阶段，让教学过程更趋向科学与合理，从而提高体育教学的质量。

3. 定量评价与定性评价相结合

定量评价是一个评价体系最基本的评价标准，在体育教学评价中也占据着主导地位。但体育教学是一项复杂的教育工作，很多东西是不能用量进行衡量的，比如学生的思想、情感、习惯、学习态度等根本无法量化，所以科学的评价体系应该引入定性评价标准，否则这个评价体系就是不完整的。因此，要想全面地把握被评价者的学习情况，应该将定量评价与定性评价相结合。

4. 绝对性评价与个体差异性评价相结合

个体差异性评价有利于学生增强学习的自信心，看到自己的进步。体育过程重视的是学生的进步与发展，体育学习评价既要采用绝对性评价，又要强调个体差异性评价。具体可以采用"相对评分法"：在开学时，通过诊断性评价建立一套学生个人的学习档案，包括对学生的知识、技能、体能等方面的摸底，作为学生的开学起点成绩；将每学期结束时的终结性评价结果与学生学期开始时的起点成绩进行对照，就可以发现每个学生一个学期学习进步的幅度，从而让每个学生都能看到自己的进步。

科学评价应重视对学生心理健康发展及体育学习态度与情感的评价，培养学生的终身体育习惯。体育教学的目标是使学生的身心都得到健康发展，在评价学生的体育学习时，不仅要考虑身体素质的提高和运动技能的获得，还要把学生的心理和谐发展作为考察的指标。体育学习的态度体现在参与者参与体育的积极性上，即学生是否积极地学习体育锻炼的知识，是否主动投入体育锻炼，是否主动与他人进行体育交往等。可以从平时提问时学生回答问题的程度、学生自行解决问题的能力、学生在运动中的积极性等方面，通过当场打分或口头表扬的方式，及时对学生的学习态度给予评价，以此增强学生的参与意识。只有这样，才能提高学生对体育的兴趣，才能使其养成终身体育的意识和习惯。

我国高校体育的教育目标是为学生的终身体育服务的，而这一目标的实现离不开健全的高校体育教育评价体系。因此，我们应该重新审视传统的评价机制，以改革的视角出发，建立健全符合高校体育教育发展目标的综合性评价机制，以此更好地服务于大学生终身体育的需求，这对于促进我国终身体育事业的建设具有重大的现实及战略意义。

第四节　体育教学评价体系的构建

体育教学评价体系的建立是一个极其复杂的系统工程，在社会对人才要求越来越"苛刻"的今天，建立这一评价体系已经成为大势所趋。唯有如此，才能更好地促进高校体育教学工作的开展，顺应社会人才观的时代取向。

一、构建体育教学评价体系的理论基础

（一）行为目标评价理论

在西方现代教育评价史上，行为目标评价理论是第一个产生了重大影响的理论。该理论采用"结果参与"的模式，将教育方案、计划和目标直接传递到学生层面，通过学生的成绩表示出来，并进一步将这种"行为目标"作为教育评价的主要依据。其具体实施过程是，由教师制定具体的教学目标，将其与教学结果进行比对，并在这一过程中对教师的教学行为进行调整，使二者最大限度地保持一致。从这个角度讲，行为目标评价理论的评价目的是十分明显的，即通过对确定实际教育活动结果的确定，达到预定教育的目标。

（二）人本管理理论

该理论从心理学的视角出发，将得到尊重和获得自我实现看作人类行为中最基本、最持久的动力。只有当个体的心理趋向得到了尊重和重视，才能激发其主体性，促使其积极主动地参与社会活动，并在这一过程中逐渐实现自身价值或者行为价值。无论是体育专业的教师还是学

生，都希望通过对体育教学过程和效果的评价，发现自身行为是否符合组织的要求，由此来开发潜能，明确自身的需要与组织目标之间的关联，继而完成自我价值的实现。

（三）加德纳多元智力理论

体育教学评价体系需要根据时代的要求进行动态的调整，"多元智力理论"便是重构该体系的重要基础。加德纳多元智力理论认为，任何个体能够同时拥有多个（多种）相对独立的智力，且其组合和表现形式因个体差异而不同，不同个体的智力也就具有了不同的特点。为此，体育教师应从多个不同的视角出发，通过对学生多个方面的观察和分析，对学生的优缺点进行综合评价，并以此为依据，促进教学水平的提高。因此，在体育教育过程中，除要促使学生对体育活动进行主动参与和探究外，还应通过彼此之间的交流与合作，强化师生之间的角色互动，达到"教学相长"的目的。这一理论的提出，在当时的西方乃至今天的世界各地都产生了深远的影响。

（四）教育目标分类评价理论

在对教育教学进行评价之前，首先要确定教育的目标及其分类。这项工作由以布鲁姆为代表的一批专家较早地进行过，但是在被确定下来的三个领域中，未对动作技能给予必要的重视。到了 20 世纪 70 年代，这一关键性的工作继续由哈罗和辛普森补充完毕。至此，教育目标分类评价理论得以成形，成为一个相对完整的体系。在哈罗和辛普森的研究中，他们分别将"动作技能"分为六大类（反射动作、基础性动作、感知能力、体力、技能动作、有意交流）和七大类（知觉、定势、指导下的反应、机制、适应、创造）。虽然类别的数量不同，但整体内容并不存在明显的差异。

二、体育教学评价体系的关键组成要素

（一）学生

学生是高校体育教学评价体系的关键群体之一，对其进行的评价往

往从学习能力的强弱、运动兴趣和运动水平的高低三个方面进行。学习能力主要表现在对体育课程的理解能力、对教师示范动作的模仿能力、对体育技能的应用能力等；运动兴趣主要表现在对运动的整体态度（喜欢、一般还是排斥）、对特定运动项目的接受程度、习惯单独进行体育运动还是习惯集体行为等；运动水平主要包括学生参加"体育达标"测试的成绩、对特殊运动项目运用的熟练程度、身体素质水平等。与此同时，在对学生的运动水平进行评价时，应将其看作身体基本活动能力和运动参与成绩的综合，并采用开放式的评价形式。

（二）教师

在高校体育教学评价体系中，教师的作用与学生同等重要，但是教师群体的评价内容却更加多元，除了需要对自身进行评价外，还应考虑到教学行为的对象——学生的感受。因此，评价内容包括教学技能水平、教学组织水平和学生满意水平三个方面，其中的前两个方面指向教师，第三个方面指向学生。其中，教学技能水平是教师进行教学活动的"基本功"，只有教师具备了一定水平的语言表达能力、语言感染能力和知识储备，才能从事教学活动。可见，这一指标是根本，也是最关键的一环。除此之外，教师的教学组织水平将直接影响教学效果的好坏，组织能力包括教学计划的设计水平、教学进度的合理安排、教学情境的创设、教学节奏的把握以及教学过程中突发情况的处置等。学生对教学活动的满意程度直接关系着教学效果的优劣，涉及的评价指标包括学生"评教"的成绩、出勤情况、作业完成情况等。只有学生和教师的体育教学活动是难以长久地规范开展的，因此，在高校的体育教学评价体系中，体育教学的管理工作十分重要，它直接关系着教学工作的整个过程。在这方面，可供采取的评价指标主要有教学管理单位"对体育教学的重视程度"和"对体育教学的投入水平"。从管理学的角度讲，任何组织计划的有效实施都与高层或主管部门的重视程度直接相关，有时为了将某计划保证实施下去，需要主管领导的带头促进。体育教学工作也是如此，如果缺少了对体育教学的重视，教学活动就极难有效地进行，从这个角度讲，重视的主体除了主管部门之外，还应包括学生和教师群体。除此之外，对体育教学的投入水平也在很大程度上影响着体育教学的质量，对于这一指标而言，包含的内容有资金投入规模、每个学生的平均资金补助、体育器材和场地的数量及使用效率等。

（三）教学管理

教学管理是运用管理科学和教学论的原理与方法，充分发挥计划、组织、协调、控制等管理职能，对教学过程各要素加以统筹，使之有序运行、提高效能的过程。教育行政部门和学校共同承担教学管理工作。教学管理涉及教学计划管理、教学组织管理、教学质量管理等基本环节。

例如，制订学校教学工作计划，明确教学工作目标，保证学校教学工作有计划、有步骤、有条不紊地运转；建立健全学校教学管理系统，明确职责范围，发挥管理机构及人员的作用；加强教师的教学质量和学生的学习质量管理；组织开展教学研究活动，促进教学工作改革；深入教学第一线，加强检查指导，及时总结经验，提高教学质量；加强教务行政管理工作。

（四）教学环境

创建良好的体育教学环境，将其与体育教学目标相匹配，最大限度地为体育教学服务，已经成为高校体育教学工作中的一个重要问题。对高校体育教学评价体系来说，教学环境处于体系的最"外围"，也是最为宏观的部分。按照现有的研究成果，体育教学环境分为物质环境和社会心理环境两个主要部分：前者指的是自然环境、时空环境和设施环境，即教学活动的位置、场地器材的质量和数量等；后者包括的内容更加广泛，不但涉及教学氛围的优劣，还涉及教师和学生情感的抒发和交流。一般而言，社会心理环境可以细分为人际环境、信息环境、组织环境和情感环境等。

三、体育教学评价体系的构建路径

（一）更新和创新评价工作的观念和方法

对高校体育教学进行评价的主要目的之一就是要实现学生健康水平

和体质的提高，使其能够更好地适应社会发展的需求。为此，要更新和创新评价工作的观念和方法，将体育教学评价看成一个复杂、全面的价值判断过程。因此，需要广泛地借助各类指标，从学生、教师、教学管理者的行为表现中做出必要、准确的观测和判断，将量性评价和质性评价进行有机结合，突出体育教学评价的重难点，有针对性地发现和解决体育教学工作中出现的各种问题。

（二）发挥评价对象在评价工作中的作用

在高校体育教学评价工作中，学生和教师群体是极其关键的评价对象。因此，应在评价体系中重视"人"的作用，做到"以人为本"，以促进人的个性发展为目标。除了要关注教师的职业处境和职业需要外，还应最大限度地激发其主体意识，使其成为评价工作的直接参与者。对于学生群体而言，应注重对评价结果的进一步应用，按照学生个人运动水平等指标的高低进行激励，使其从被动接受评价，到主动接受评价结果，调动其积极性和主观能动性。只有这样，才能使评价对象得到应有的尊重，激发其积极工作的潜力。

体育教学评价工作是高校体育课程实施体系中的重要组成部分，客观、公正、科学的评价工作能够理顺现有的教学模式，厘清教学中存在的问题及问题之间的关系，还能够调动教师和学生的积极性，改善教学效果，促进教学改革的深入。

参考文献

[1]钱秋婕.多元教学模式在高校体育教育中的应用研究[J].体育科技文献通报,2021(11):107－110.

[2]柏勇,李新威.高校体育课程O2O教学模式的应用研究[J].成才之路,2021(25):25－27.

[3]常志利.翻转课堂教学模式在体育教学中的应用研究[J].当代体育科技,2023(8):57－60.

[4]陈辉.高校体育教学探索与模式构建研究[M].北京:北京工业大学出版社,2023.04.

[5]陈良业.体育分项课应用运动教育模式的教学策略研究[J].青少年体育,2023(1):111－113.

[6]陈威.高校体育教学与运动训练[M].长春:吉林出版集团股份有限公司,2023.06.

[7]丹凤,张迪,薛媛.体育教育与运动训练研究[M].长春:吉林出版集团股份有限公司,2022.09.

[8]但懿.高校体育教育管理研究[M].北京:人民体育出版社,2023.02.

[9]董谷雨.线上线下混合式体育教学模式的应用研究[J].体育视野,2021(5):66－68.

[10]韩坤键,周庆元,杨梦迪,等.高校体育智慧课堂教学模式设计及应用研究[J].冰雪体育创新研究,2023(6):60－63.

[11]李进勋.翻转课堂模式在高中体育教学中的应用研究[J].新课程,2022(4):71.

[12]李磊,段宗宾,张春超.高校体育教学及其专业人才培养研究[M].北京:中国农业出版社,2022.07.

[13]李伟鹏,丁世聪,张兴林,等."十四五"建设高质量教育体系背景下的体育教学模式应用研究[J].体育科技文献通报,2022(5):168-170,189.

[14]梁金玉,冯国敏."互联网＋"背景下高校体育混合教学模式的应用研究[J].当代体育科技,2022(29):7-10.

[15]刘超,董翠香,季浏.中国健康体育课程模式下体育课堂教学行为分析系统的设计与应用研究[J].首都体育学院学报,2022(2):188-197.

[16]刘成维.高校体育教学创新与运动训练发展研究[M].延吉:延边大学出版社,2023.03.

[17]刘海洋,杨战广,杨少洁.基于有效教学理论的高校体育教学研究[M].北京:中国商业出版社,2022.08.

[18]刘学奎.普通高校快乐体育教学模式的应用研究[J].高师理科学刊,2012(1):113-115.

[19]马健勋.高校体育教学与科学训练[M].北京:北京工业大学出版社,2023.04.

[20]聂丹,李运.体育强国视域下高校体育教学创新研究[M].长春:吉林大学出版社,2023.01.

[21]任翔,张通,刘征.高校体育教学模式创新研究与实践[M].沈阳:辽宁人民出版社,2023.04.

[22]邵国华,创新视域下体育教学方法与运动心理技能研究[M].长春:吉林出版集团股份有限公司,2023.05.

[23]师玲艳,蔡哲琛,孙晨晨,等.KDL体育教学模式与传统体育教学模式的差异及应用研究[J].武术研究,2021(7):142-144.

[24]隋朝飞,井文华,张广建,等.运动处方教学模式在大学体育教学中的应用研究[J].衡水学院学报,2023(4):115-119.

[25]万淑娥.体育训练与教学实践[M].北京:北京工业大学出版社,2023.04.

[26]汪毅,董辉,袁卫华.体育在线教学在高校体育教学模式改革中的应用研究[J].当代体育科技,2021(13):104-106.

[27]王东亮.新时期体育教学模式的应用研究[J].开封教育学院学报,2013(3):137-138.

[28]王红.高校体育课程俱乐部模式创设与管理[M].天津:天津科学技术出版社,2022.06.

[29]王乐.高校体育教学中健康体育课程模式应用研究[J].武术研究,2020(9):140-141.

[30]许丽.高校体育教学中翻转课堂教学模式应用研究[J].高教学刊,2020(30):99-102.

[31]杨榕斌.体育强国视域下高校体育教学创新发展研究中国[M].北京:中国原子能出版社,2022.07.

[32]叶晓阳.体育教学理论与实践探索[M].北京:人民体育出版社,2022.06.

[33]于丽志.新时期体育教学模式的应用研究[J].当代体育科技,2014(36):89,91.

[34]张宏宇,张丽,徐重午.体育教学改革与训练方法研究[M].长春:吉林出版集团股份有限公司,2023.01.

[35]张晓川,高健,任翔.体育教学改革创新与训练实践研究[M].沈阳:辽宁人民出版社,2023.05.

[36]章剑舞.高校体育智慧课堂教学模式应用实践研究[J].科技资讯,2020(25):126-127,130.

[37]赵本志.信息化视野下体育教学发展问题研究[M].西安:西北工业大学出版社,2022.06.

[38]周盼盼,吴铁桥,王君鹏.基于心理健康诉求的高校体育教学模式应用研究[J].当代体育科技,2020(14):103,105.